DROIT INTERNATIONAL PUBLIC

Collection Géopolitique mondiale
Dirigée par Mwayila TSHIYEMBE

L'objet de la Collection Géopolitique mondiale est de susciter les publications dont la vocation est double : d'une part, donner un sens aux mutations provoquées par la mondialisation, étant donné la perte des repères du monde ancien et la nécessité d'inventer les repères du monde nouveau ; d'autre part, analyser la complexité des enjeux territoriaux, des rivalités d'intérêt et de stratégies qui pousse les acteurs à user de la force ou de la diplomatie, pour modifier ou tenter de modifier le rapport de force (ressources naturelles, humaines, culturelles), selon des idéologies qui les animent. À cette fin la prospective et la pluridisciplinarité sont des approches privilégiées.

Déjà parus

Mwembu Dibwe Ken Anastase, *Élection et ethnicité en RDC. Regard sur les élections de 2006 dans la ville de Lubumbashi*, mai 2021
Starmans Bofoe Lokangu, *Droit fiscal et procédures fiscales en République démocratique du Congo, Théories générales*, mai 2021
Bruno Kwete Prudence, *Les affrontements russo-américains en Syrie et en Ukraine. Essai sur les périls de l'unilatéralisme ou le retour à la guerre froide ?* avril 2021
Jeef Mudimbi Kapilu, *L'opposition politique et la conquête du pouvoir en République démocratique du Congo*, avril 2021
Max Zachée Saintclair Mbida Onambélé, *Sécurité et défense nationales au Cameroun, Géopolitique des menaces à la stabilité*, octobre 2020
Aimé Bongeli Yeikelo Ya'ato, *Gouvernance des aires protégées en R.D. Congo, Perception des populations riveraines du Parc National de la Lomani, territoire d'Opala, Province de la Tshopo*, avril 2020
Eugène Banyaku Luape Epotu, *Paradigmes dominants et relations internationales : Grands courants de pensée, espaces*

Mwayila Tshiyembe

DROIT INTERNATIONAL PUBLIC

THÉORIE GÉNÉRALE ET ETUDE DE CAS JURISPRUDENTIELS

L'Harmattan

5-7, rue de l'École-Polytechnique – 75005 Paris
www.editions-harmattan.fr
ISBN : 978-2-14-026640-9
EAN : 9782140266409

AVANT-PROPOS

Cet ouvrage est publié en l'an 2022 au cours duquel la réforme de l'enseignement supérieur et universitaire en République démocratique du Congo est au tournant du système LMD (LICENCE-MASTER-DOCTORAT), qu'il faille prendre à bras le corps, en vue de relever, tant s'en faut, les défis du mot d'ordre « Enseigner autrement, Evaluer autrement, Faire la recherche autrement ».

C'est ici qu'il sied de rappeler qu'aujourd'hui comme hier, le droit international public est un ensemble des normes juridiques régissant les relations internationales entre personnes publiques telles que les Etats et les organisations internationales.

Sa fonction première est une fonction d'ordre et c'est elle qui explique pourquoi, quoi qu'il advienne, il reste l'épine dorsale du droit public, chargé de régulation des relations entre les personnes morales de droit public (Etat, Administration, institutions publiques).

Abordé sous cet angle, le droit international public s'offre aux apprentis juristes venus à sa rencontre, comme une matière éclectique, ouvrant la porte d'entrée dans le monde global et labyrinthique où se meuvent les Etats souverains et les organisations internationales, en tant que sujets de droit international.

A côté des Etats et des organisations internationales, les organisations non gouvernementales, les multinationales, les individus et les peuples, acteurs patentés des relations internationales, se pressent aux portillons du bouillonnement chaotique de la mondialisation dont la grandeur et la décadence obligent.

Pour paraphraser Emmanuel Decaux et Olivier de Frouville[1] « La découverte du droit international public par l'étudiant de L3 suscite souvent une certaine surprise, voire une incrédulité. Ces sentiments seront d'autant plus forts que l'étudiant s'est laissé pénétrer par la logique du droit privé et du droit pénal ; ils le seront moins, s'il a médité sur les ressorts des matières du droit public, et en particulier du droit constitutionnel ».

Car, en effet, la surprise est essentiellement causée par l'impression d'être face à un droit dépourvu des sanctions, du moins au sens où le droit civil et le droit pénal entendent ce terme, c'est-à-dire l'usage d'une force de contrainte qui suit le constat, par une autorité habilitée, de la transgression d'une règle de l'ordre juridique.

« En ce sens, il est certain que le droit international public est rarement sanctionné, même si ce phénomène n'est pas absent et tend même à se développer au sein des organisations internationales. Mais après tout, cette rareté de la sanction ainsi entendue, n'est pas l'apanage du droit international public : elle était partagée jusqu'à récemment par le droit administratif, lorsqu'il était question de contraindre l'administration à faire ou ne pas faire quelque chose : et plus encore par le droit constitutionnel dont l'exécution repose avant tout sur l'équilibre et la bonne entente entre les différents organes de l'Etat ».

En fait, précisent-ils, ce que doit absolument comprendre l'étudiant apprenti juriste, c'est que le droit est un, à la fois comme concept et comme technique. Mais qu'en même temps, ce concept et cette technique interviennent dans des milieux sociaux et dans des contextes très divers, qui font que le droit prend à chaque fois des masques différents.

---

[1] Emmanuel Decaux et Olivier de Frouville, Droit international public, Paris, Dalloz, 8e édition, 2012, p6

Autrement dit, « le droit s'adapte aux contours des sociétés dont il est appelé à régir l'activité. Il s'adapte également aux contextes dans lesquels il intervient : ainsi le droit ne fonctionnera pas de la même manière en matière pénale ou en matière constitutionnelle. A cette aune, précisent-ils, on comprend que la sanction est davantage révélatrice d'une hiérarchie sociale ou politique, que de la juridicité du droit ».
A l'inquiétude légitime suscitée par la non-systématisation des sanctions, susceptible d'altérer à jamais la nature juridique du droit international public, s'ajoutent l'hétérogénéité, la mutation, la politisation de la communauté internationale qu'il régente, donnant ainsi le sentiment que derrière la prédominance formelle du droit international public, se cache une main noire synonyme de la loi du plus fort.
Néanmoins, sans vouloir dissimuler la dimension politique du droit international produit par les Etats et appliqué par les Etats, il y a lieu de ne pas passer sous silence son rôle de médiation des rapports de puissance. En effet, le volontarisme des Etats, bien qu'indispensable, n'est pas l'unique fondement de l'obligation faite aux Etats parties aux traités, de respecter leurs obligations internationales : « Tout traité en vigueur lie les parties et doit être exécuté par elles de bonne foi » (article 26, Convention de Vienne sur le droit des traités, 1969).
Autrement dit, l'obligation de respecter les engagements internationaux découle également de la rencontre des volontés, de la solidarité, de la nécessité sociale poussant les Etats à agir ensemble, en vue de relever des défis communs, au sens de Georges Scelle[2].
En effet, la soumission de l'Etat et de la société à la règle de droit, est le fondement même de l'idée de l'Etat de droit. Tant et si bien que sur le plan méthodologique, le droit

[2] Georges Scelle, Précis de droit des gens, Pris, Dalloz, 2008

international soulève une difficulté supplémentaire parce qu'il ne permet pas à l'apprenti juriste de réduire le raisonnement juridique à un simple syllogisme.

Sans prétention d'épuiser toutes les questions liées au droit international public, le présent ouvrage n'abordera que les notions et les pratiques essentielles telles qu'elles impactent la vie internationale des acteurs internationaux. Pour ce faire, hormis l'introduction, il est divisé en trois parties : la formation du droit international public (première partie) ; les acteurs du droit international public (deuxième partie) ; et les relations internationales (troisième partie).

La première partie sur la formation du droit international public poursuit l'objectif de doter les apprentis des idées et d'un cadre juridique de formation du droit international public. Il s'agit de scruter d'une part les sources du droit international public : Traité (chapitre un) ; Coutume (chapitre deux) ; les Principes généraux de droit (chapitre trois) et les Actes unilatéraux (chapitre quatre). Et d'autre part, d'analyser les Moyens de détermination de la règle de droit en droit international public : Jurisprudence, Doctrine et Equité (chapitre cinq) ainsi que le rapport entretenu entre le droit international et droit interne (chapitre six).

Concernant la deuxième partie, elle poursuit l'objectif d'analyser les différents acteurs de la vie internationale et de dévoiler leur statut et leur régime juridique en droit international public. Jusqu'à la preuve du contraire, l'État (chapitre sept), les Organisations internationales (chapitre huit), les ONG et les Personnes privées (chapitre neuf) sont, en tant qu'acteurs des relations internationales, soumis au respect du droit international.

La troisième partie, enfin, a pour objectif d'étudier les conséquences juridiques des relations internationales entre les acteurs susmentionnés. Elle étudie la responsabilité internationale des Etats (chapitre dix) ; le règlement des conflits (chapitre onze) ; le recours à la contrainte (chapitre douze) y compris le maintien de la paix (chapitre treize)

Par ailleurs, cet ouvrage n'est pas seulement théorique, il est également pratique. A titre d'illustration, quelques cas jurisprudentiels de la Cour internationale de justice sont sélectionnés[3] pour servir d'aiguillon aux apprentis juristes. Ainsi, pour interpréter ces jurisprudences, nous allons nous servir de la méthode *dogmatique juridique*. Celle-ci vise à déterminer le contenu d'une règle à partir de la prise en compte des sources formelles du droit international positif et expose l'état du droit tel qu'il existe et en détermine le contenu[4]. A la fin de l'enseignement, un recueil d'exercices permettra d'initier les apprentis juristes à « l'essentiel de la méthodologie juridique[5] », notamment le commentaire d'arrêt.

Tout en assumant la responsabilité pleine et entière de cet ouvrage, qu'il me soit permis, avant de clore cette page, de remercier mon assistant, David Otemikongo, qui s'est évertué à toiletter ce manuscrit.

Fait à Paris, le 10 juin 2022

MWAYILA TSHIYEMBE
Docteur d'Etat en droit, Université de Nice Sophia Antipolis
Docteur en science politique, Université de Nancy 2
Directeur de l'Institut panafricain de géopolitique de Nancy
Professeur ordinaire aux universités de Kisangani et de Lubumbashi
Doyen de la Faculté de droit, université de Kisangani

---

[3] Blaise Tchikaya, Mémento de la jurisprudence Droit international public, Hachette, 7e édition, 2017

[4] Olivier Corten, *Méthodologie du droit international public*, Edition de l'Université de Bruxelles, Bruxelles, 2009, p-23.

[5] David Bonnet, L'essentiel de la méthodologie juridique, Ellipses, Paris, 2015

INTRODUCTION

I. Histoire du droit international

Malgré des racines anciennes, notent Emmanuel Decaux et Olivier de Frouvill[6], le droit international est une discipline relativement jeune, caractérisée depuis le 20e siècle, par une dynamique d'institutionnalisation et d'universalisation.

En effet, si l'on entend par droit international, tout système de régulation juridique des relations entre les Etats, il y a lieu de conclure que le droit international est aussi ancien que l'histoire des grands empires et des cités antiques. Ceux-ci connurent des alternances de paix et de guerre, furent soumis aux règles de droit minimales, sous-tendant alliances militaires et traités de paix, échanges d'ambassades et accords de commerce, voire des formes d'arbitrage.

Cependant, l'essor de cette première formalisation du droit international commence avec la naissance de l'Etat moderne en Europe, à partir du 16e siècle et l'épopée des grandes découvertes. Ainsi formalisé, ce droit international naissant, est un droit européen, fondé par les Etats européens, proclamé et validé par eux-mêmes comme source de droit, par leur volonté, en limitant tant soit peu leur souveraineté.

Autrement dit, il s'agit d'un droit international fabriqué par les Etats et pour les Etats, s'octroyant la qualité de

---

[6] Emmanuel Decaux et Olivier de Frouville, Droit international public, Paris, Dalloz, 8e édition, 2012, Introduction, pp. 1-34

premiers sujets de droit, éclipsant par ricochet les individus derrière le rempart de la souveraineté étatique. Porté par le modèle de l'Etat-nation qui le régente, le droit international européen est à la base de la destruction, voire de la déstructuration des autres formes de droit international produit par des sociétés politiques précoloniales (peuples, empires, royaumes), situées hors champ d'action historique européen, et ce, en Amérique, en Asie et en Afrique, l'absence de l'écriture étant un prétexte commode.

Certes, ce droit international s'enracine dans les règles de l'antiquité gréco-romaine et dans le droit de la chrétienté médiévale. Néanmoins, il ne faudrait pas occulter les emprunts volontaires ou involontaires des civilisations byzantines et islamiques qui ont eu des contacts étroits avec le monde occidental, sans oublier les rapports avec l'Asie et l'Afrique, tarifs mais substantiels, souligne Marie-Hélène Renaut[7].

Le *jus gentium* (droit des gens) est à l'époque romaine un droit interne et non pas international. Il fait partie du droit romain au même titre que le jus civil. Alors que le jus civil est destiné exclusivement aux citoyens romains, le *jus gentium* doit régir la conduite des pérégrins, c'est-à-dire de tous les sujets de l'Empire romain qui n'ont pas la qualité de citoyens. Puis, peu à peu, on inclut dans le droit des gens des institutions de nature internationale comme la guerre (jus belli) ou les ambassades (jus legatorum).

C'est seulement au cours du 16e siècle que se manifeste clairement la conscience d'un certain ordre international et d'une communauté de nations (Espagne, France, Angleterre) que l'on va doter d'un système juridique propre, insiste Marie-Hélène Renaut, parallèlement à l'effacement du rôle international de l'Église.

---

[7] Marie-Hélène Renaut, Histoire du droit international public, Paris, éditions Ellipses, 2007, introduction

C'est le théologien espagnol Suarez qui concrétise en 1612 la première acception moderne du *droit des gens*, d'après *laquelle il y a entre les hommes une véritable communauté universelle, regroupée en entités autonomes et indépendantes. Et le droit est le droit qui régit cette communauté.*
Voilà posée pour la première fois de façon très claire l'idée d'une communauté internationale régie par un ordre juridique spécifique, le droit des gens.
Quelques années plus tard, en 1625, Grotius défend le même *droit des gens* pensé comme *un ensemble de règles positives issues d'un accord entre les peuples*. Ainsi défini par Grotius, le droit des gens n'est pas encore la traduction de la volonté directe des Etats et ne correspond pas au droit international contemporain.
Il eût fallu attendre Thomas Hobbes et son analyse de l'Etat pour que le droit des gens signifie le droit international public classique, c'est-à-dire *un ensemble de normes ayant pour objet les relations entre les peuples ou les Etats souverains*, ces derniers n'étant plus identifiés à leur monarque.
C'est autour de Vattel de publier en 1758, le premier manuel de droit international classique, intitulé le droit des gens destiné aux souverains d'Europe et concernant uniquement les *droits et les obligations des Etats*.
En 1780, l'expression droit des gens sera remplacée par l'expression *International Law* (droit international) inventée par le philosophe Jeremy Bentham. Ce droit international européen ne s'élargit qu'aux Etats considérés comme suffisamment autonomes et civilisés (Turquie, Japon). Les peuples colonisés sont exclus.
Après les deux guerres mondiales, s'exprime de façon générale, l'aspiration à une paix internationale durable.
Elle se traduit en droit international par la création en 1919 de la *Société des Nations* (SDN), dont l'objectif est le

maintien de la paix et la sécurité collective et en 1945, par l'interdiction du recours à la force, inscrite dans la charte de l'ONU et par le développement des organisations internationales.
Ces métamorphoses du droit international sont considérables, précise Marie-Hélène Renaut, car il est abandonné l'idée d'un droit exclusivement interétatique au profit de l'idée d'un droit international émanant de la volonté des Etats certes, mais qui peut avoir pour objet n'importe quelle situation, interne ou internationale.
Autrement dit, si l'histoire du droit international n'est ni l'histoire de la diplomatie, ni l'histoire des relations internationales, elle ne peut être séparée des relations internationales, ni des hommes qui les conduisent, ni des courants de pensée.
Dans cette vision globale, s'imposent deux thèmes : les fondements historiques et les fondements doctrinaux du droit international, chacun ayant été déterminé par une époque et une mutation profonde du droit international.

§1. Institutionnalisation progressive et universalisation du droit international

L'institutionnalisation progressive du droit international a débouché sur son universalisation. Ainsi la forme classique des traités qui s'était développée au moyen de faisceaux de traités bilatéraux pour fixer les relations entre une série d'États, notamment à l'occasion de grands traités de paix du 17e et du 18e siècles, fait place pour la première fois, souligne Emmanuel Decaux et Olivier de Frouville, en 1815, lors du deuxième traité de Vienne, à un traité multilatéral, instrument unique signé par toutes les parties, ouvrant la voie à une universalisation et à une institutionnalisation plus poussée. Bien plus, *l'Acte final du Congrès de Vienne* comporte une déclaration adoptée le 8 février 1815, visant l'abolition de

la traite négrière comme « répugnant aux principes d'humanité et de morale universelle ».
Outre la naissance des organisations internationales techniques (Commission centrale du Rhin en 1831, la Commission européenne du Danube en 1856, Union télégraphique internationale, Union postale universelle, etc.) ; l'arbitrage comme moyen de règlement pacifique des différends, connait lui aussi un essor important (le traité de Jay de 1794 conclu entre les USA et le Royaume-Uni, avec la mise en place des commissions mixtes pour régler les séquelles de la guerre d'indépendance ; l'arbitrage de l'Alabama opposant les USA au Royaume-Uni après la guerre de Sécession. C'est la forme moderne de l'arbitrage par un tribunal impartial qui est consacré).
Par ailleurs, le développement du droit international humanitaire, à la suite de la bataille de Solférino en 1859, les Etats précisent pour la première fois « *les limites techniques ou les nécessités de la guerre doivent s'arrêter devant les exigences de l'humanité* », selon la déclaration de Pétersbourg de 1868. Par la suite, la clause MARTENS mentionnant « *les lois de l'humanité et les exigences de la conscience publique* » sera introduite dans le préambule de la convention II de la Haye de 1899.
Les grandes conférences de la Haye convoquées à l'initiative du Tsar en 1899 et 1907 marqueront l'aboutissement de ces efforts pour rationaliser les relations des Etats, en codifiant les « *lois et coutumes de la guerre* » et en institutionnalisant le règlement pacifique des différends.
A cela s'ajoutent le traité de Versailles qui fonde en 1919 la Société des Nations (SDN) et la création de l'ONU en 1945, en vue de jeter les bases d'un nouvel ordre mondial, fondé sur le droit. Il y a lieu de conclure, à la suite d'Emmanuel Decaux et Olivier de Frouville que « si le monde reste divisé politiquement, culturellement et

économiquement, il est plus unifié que jamais sur le plan juridique en ce début de 21e siècle. Par ses valeurs enracinées dans la notion d'humanité et ses techniques juridiques liées à la réciprocité des droits et des obligations, le droit international reste le seul régulateur possible, le seul facteur d'équilibre pour respecter les souverainetés étatiques tout en dépassant les égoïsmes nationaux [8]»

§2. Contestation du droit international

En dépit de sa prégnance mondiale, le droit international souffre d'une double contestation, à la fois *théorique* et *pratique*.

Du point de vue *théorique*, les adeptes du réalisme en tant que paradigme explicatif des relations internationales, soutiennent la thèse selon laquelle l'anarchie du système international des Etats souverains les conduit à privilégier l'intérêt national et l'usage de la force au détriment du droit. Ce n'est pas le droit qui gouverne les peuples, mais la violence de l'histoire, soutiennent-ils. Faute de juge et de gendarme, figures emblématiques de l'ordre interne, le droit international n'existe pas, il est une vaine utopie, il n'y a pas de droit sans contrainte ou sanction.

Parallèlement, les adeptes du marxisme privilégient la primauté de l'économique sur le politique, la lutte de classes entre riches et pauvres aidant. Selon leur grille de lecture, le droit international ne serait qu'un alibi des rapports de force, une superstructure derrière laquelle se dissimulent les intérêts des Etats riches ou nantis dominant le monde.

Quant à la contestation *pratique* du droit international, elle repose sur quelques variables : la fragmentation du droit international par la régionalisation ou formation des blocs

[8] Emmanuel Decaux et Olivier Frouville, op. cit., pp. 3-15

d'intégration des Etats, la tentation d'une remise en cause radicale des principes du droit international.

Dans le premier cas, il est reproché au processus de multiplication des Etats (194 Etats membres de l'ONU) ou de régionalisation des Etats, d'affaiblir l'universalisme du droit international par la constitution des blocs idéologiques alternatifs, à l'instar du bloc communiste durant la guerre froide.

Néanmoins, avec le recul, il y a lieu de constater que les nouveaux ensembles régionaux en Amérique, en Asie, en Afrique, s'effectuent dans le respect des normes générales du droit international. De même, le bloc communiste, créé jadis par l'Union soviétique et tant redouté, a fini par se soumettre au droit international.

Dans le second cas, il faut citer la tentation de remise en cause radicale des principes du droit international, notamment les immunités d'État (les immunités de juridiction et d'exécution des dirigeants), la souveraineté absolue, la neutralité permanente, la non-ingérence dans les affaires internes, etc.

Somme toute, le doute sur l'applicabilité ou l'effectivité du droit international partout et en tout lieu est légitime. Cependant, il serait excessif de décréter que le droit international est inutile, parce qu'il reste avant tout l'instrument juridique d'une société internationale en mutation et en devenir, à laquelle il est reproché la politique de deux poids deux mesures.

Dans le même ordre d'idées, le défaut de sanctions des normes internationales autant que le fondement obligatoire du droit, ont été des objections majeures à l'effectivité du droit international, souligne Louis-Antoine Aledo[9] alors que la force de cet argument est idéologique.

---

[9] Louis-Antoine Aledo, Le droit international public, Paris, Dalloz, 3e édition,

On retrouve dans cette première objection l'écho de la querelle, qui oppose ceux qui considèrent que les relations interétatiques doivent être régies par l'application de règles juridiques et ceux qui croient que les rapports de force entre les Etats l'emportent par-dessus tout. La seconde objection majeure des négateurs est qu'à supposer que des règles juridiques internationales puissent avoir une vie autre que purement intellectuelle, rien ne permet, dans une société où tous les sujets sont souverains, de les considérer comme obligatoires.

En réponse à ces objections, il y a lieu de dire ceci : d'une part, la sanction ne peut constituer le critère exclusif du juridique, ni en droit interne ni en droit international. En effet, l'obligation juridique existe et demeure indépendamment de la possibilité ou de la probabilité de sa sanction. D'autre part, l'absence d'une sanction centralisée, peut donner lieu à des sanctions décentralisées, n'impliquant pas le recours à la force et mises en œuvre par les Etats eux-mêmes, insiste Louis-Antoine Aledo. L'État lésé par la violation du droit international par un autre Etat peut ainsi unilatéralement décider de ne pas appliquer une obligation ou un ensemble d'obligations internationales. Il peut notamment prendre des mesures de rétorsion économique et financière, par exemple en suspendant les échanges commerciaux.

Quant au fondement d'obligation des normes internationales, l'autolimitation des Etats ne peut servir de prétexte. Si le droit international est obligatoire pour les Etats, c'est parce qu'ils acceptent de s'y soumettre et qu'ils fixent eux-mêmes une limite à l'exercice de leur volonté.

En effet, s'il advenait que le droit international s'effondre ou disparaisse, ce serait le règne de la loi du plus fort, au sens de l'état de nature de Hobbes. Les premières victimes seraient, sans nul doute, les Etats fragiles d'Afrique, d'Amérique et d'Asie.

§3. Enchevêtrement des doctrines et courants juridiques d'idées

La doctrine s'enrichit d'une réflexion toujours plus approfondie, qui renouvelle la pensée du droit international. Si la doctrine positiviste se détache totalement du lien qui pouvait l'unir au droit naturel, la tradition naturaliste se maintient et les considérations philosophiques du droit international ne cessent d'exercer une certaine influence sur des thèmes anciens ou nouveaux, tels que le fondement du droit international, la finalité du droit international et la structure de la société internationale.

A. Le positivisme juridique

La vague positiviste contribue fortement à l'unification d'un modèle de pensée qui sera largement diffusé par les codifications doctrinales et les traités de droit international.

Le positivisme classique : volontariste ou subjectiviste

Il est représenté avant tout par deux auteurs allemands, Jellinek et Treipel.

Georges Jellinek, professeur de droit public à Heidelberg, a une conception toute particulière de la souveraineté, d'après laquelle ne pouvant se soumettre qu'à elle-même, recourt à « l'autolimitation » pour fonder, à l'intérieur, le droit constitutionnel, et, à l'extérieur, le droit international. Selon lui, le droit international ne repose donc que sur la volonté de l'État isolé. Seul compte chaque droit étatique national, seul fondement de la validité des accords internationaux.

Heinrich Treipel pose le problème de la place du droit interne, face à la croissance formidable du droit international. Il cherche un fondement objectif au droit international et se préoccupe d'assurer le caractère obligatoire de ses dispositions. Pour cela, il donne comme base au droit international la volonté collective de plusieurs Etats.

Selon lui, le droit international ne procède pas de la volonté unilatérale des Etats, mais de la fusion de leur volonté. De cette fusion ressort une volonté commune supérieure, fondement des obligations internationales, qui s'impose objectivement aux Etats.
Treipel cherche la réponse à la question suivante : comment empêcher une volonté étatique particulière de se séparer de la volonté commune quand ses intérêts spécifiques le lui commandent ?
En réponse, il élabore la théorie dualiste affirmant la primauté du droit interne sur le droit international, par opposition à la théorie moniste accordant la primauté au droit international sur le droit interne.
Le volontarisme fournit un fondement solide et réaliste à l'obligation juridique internationale dans une société d'États souverains, leur volonté étant considérée comme étant à la source de leurs obligations.

B. Positivisme objectiviste

Les positivistes objectivistes sont particulièrement attachés aux manifestations collectives du sentiment d'obligation. Ils considèrent que les règles du droit international général en vigueur à un moment donné, sont fondées sur la nécessité sociale. Ainsi, sont-ils favorables, dans l'intérêt de la communauté internationale, à l'existence de situations objectives et de statuts objectifs, opposables à tous les Etats.

C. Remise en cause du positivisme par la négation de la souveraineté des Etats

Tout un courant de pensée remet en cause la souveraineté des Etats. Il dénonce le fait que chaque Etat puisse juger souverainement, s'il a bien rempli ses obligations internationales.

Deux groupes s'opposent au sujet de la souveraineté : les uns rejettent définitivement l'idée de souveraineté, alors que d'autres acceptent le principe de souveraineté, mais remettent en cause le caractère absolu de la souveraineté qui permet à chaque pays de faire ce que bon lui semble. C'est le cas du pacifiste allemand Walter Schücking et du français Jules Basdevant. Ils préconisent un code de bonne conduite qui s'imposerait définitivement aux Etats, et ce, de manière contraignante.
Quant à Hans Kelsen et Georges Scelle, ils ont donné à cette opposition une vigueur ardente.
Hans Kelsen, dans sa *théorie pure du droit*, expose que la validité d'une norme juridique dépend d'une autre norme juridique de laquelle elle dérive. La question est de savoir si la norme fondamentale (celle qui valide toute la pyramide des normes) doit se situer dans le droit interne ou dans le droit international.
Admettant la primauté du droit international, il en conclut que la validité de la norme conventionnelle repose sur le principe coutumier *Pacta sunt servanda* qui, d'une part, occupe le sommet de la pyramide des normes, et d'autre part, tire sa force obligatoire d'un principe indémontrable, mais nécessairement supposé, selon lequel la coutume a force obligatoire. Le droit international n'est pas pensé comme un phénomène social mais avant tout comme un phénomène normatif.
Quant à Georges Scelle, il applique au droit international la doctrine juridique de Léon Duguit, dans sa publication sur *Les règles générales du droit de la paix*. Selon lui, le droit naît comme un impératif social qui traduit une nécessité émanant de la solidarité naturelle. Comme le droit international est issu de la solidarité sociale, il n'y a plus lieu d'opposer le droit interne des Etats au droit international. C'est la société internationale universelle qui

détient la souveraineté, au sens ancien de droit des gens ou droit des individus.

D. Remise en cause du positivisme par le courant néonaturaliste

Le courant néonaturaliste renoue avec le dualisme entre le droit naturel et le droit positif, le premier étant le fondement du second. Le plus représentatif de la renaissance du courant naturaliste d'inspiration chrétienne est Louis-Erasme Le Fur, pour qui le droit positif est le moyen de réaliser le bien commun à partir des principes du droit naturel dont le contenu se réduit à deux règles de fond et de forme : -

✓ L'obligation de respecter les engagements librement consentis

✓ L'obligation de réparer tout dommage causé injustement

✓ L'obligation de respecter l'autorité, car aucune société n'est possible sans elle.

II. Objet du droit international public

Puisqu'il est admis que toute société secrète a son propre droit, il va de soi que l'existence d'une société internationale ou communauté internationale mondialisée, suppose l'existence du droit international dont l'objet est de réglementer les relations au sein de celle-ci, entre les sujets de droit international (les Etats et les Organisations internationales) d'une part, les acteurs de relations internationales (individus, ONG, multinationales, peuples) d'autre part.

Il faut éviter une confusion fâcheuse qui peut être faite entre *les sujets* de droit international et *les acteurs* de droit international.

En effet, les acteurs de droit international ne sont pas tous sujets de droit, seuls les Etats et les Organisations internationales jouissent de cette qualité, car ils possèdent la personnalité juridique internationale.

Il existe deux types de personnalité juridique : la personnalité juridique *originaire* et la personnalité juridique *dérivée*. La première (la personnalité juridique originaire) est détenue exclusivement par les Etats, seuls détenteurs de la souveraineté internationale. La seconde (personnalité juridique dérivée) est réservée aux Organisations internationales, créées par les Etats, afin d'accomplir en leurs noms, des missions spécifiquement liées à leur spécialisation.

III. Caractéristiques de la société internationale

La société internationale a deux caractéristiques, à savoir : *l'hétérogénéité et la décentralisation.*

A. L'hétérogénéité

La société internationale est hétérogène parce qu'elle est composée des différents Etats souverains, c'est-à-dire une multiplicité d'Etats différenciés par le territoire, la population, les ressources du sol et du sous-sol.

B. Décentralisée

La société internationale est décentralisée parce que les Etats sont souverains et égaux en droit, c'est-à-dire qu'il n'existe pas un super-Etat qui gouverne les autres. La répartition géographique des Etats à travers les cinq continents, y compris l'émergence d'un régionalisme continental ou sous-continental conforte cette image archipélagique du monde.

IV. Rôle de droit international public

Comme il a été susmentionné, il y a lieu de rappeler que le rôle de droit international est difficile. Cette difficulté s'observe à deux niveaux : par rapport à *l'utopie* et à *l'interdiction de l'usage de la force.*

A. L'utopie

L'utopie du droit international réside dans sa mission de réglementer les relations entre les Etats souverains, sujets de droit international. En dépit des progrès réalisés, le doute demeure, car un Etat ne peut accepter de signer et ratifier un traité international, que s'il a la conviction que ses intérêts nationaux sont sauvegardés. C'est à cette condition que les Etats acceptent de restreindre tant soit peu une parcelle de leur souveraineté.

C'est cette prétention de soumettre les Etats souverains au respect du droit international, qu'ils ont eux-mêmes créé, qui tient lieu d'utopie, eu égard aux rivalités d'intérêts qui les opposent. Ceci explique pourquoi, solliciter la volonté des Etats, est l'un des paramètres de la diplomatie internationale.

Les Etats sont à la fois *auteurs* et *destinateurs*, il n'est pas envisageable qu'ils soient liés par des règles n'émanant pas d'eux-mêmes. Même pour ester en justice devant la CIJ dont ils sont membres, dès leur adhésion à la charte de l'ONU, ils doivent néanmoins reconnaître l'autorité de la Cour, en cas de différends, par la signature de la Clause facultative de juridiction obligatoire.

B. Interdiction du recours à la force

L'interdiction du recours à la force[10] est l'un des principes généraux du droit international. Et pour cause.

---

[10]Article 2 al. 4 de Charte des Nations Unies : « Les Membres de l'Organisation s'abstiennent, dans leurs relations internationales, de recourir à la menace ou à l'emploi de la force, soit contre l'intégrité territoriale ou l'indépendance politique de tout Etat, soit de toute autre manière incompatible avec les buts des Nations Unies ».

Avant la création de la Société des Nations (SDN) en 1919, faire la guerre était un droit souverain des Etats, et l'obligation ultime des Etats était de se mettre d'accord sur le lieu, le jour et l'heure du début de la guerre, à condition qu'elle soit préalablement déclarée.
Néanmoins, suite aux affres de la guerre de 1914-1918 (première guerre mondiale), la prise de conscience par les Etats parties, les a conduits à bannir l'usage de la force comme moyen de règlement des différends.
D'abord, le principe d'interdiction de recours à la force fut reconnu par le Pacte Briand-Kellog, signé à Paris le 27/8/1928, par 63 Etats. Ensuite la faillite de la SDN a contraint les Etats vainqueurs de la Seconde Guerre mondiale, à signer et ratifier la charte des Nations unies à San Francisco, le 26/6/1945, art. 2 al. 4), excepté en cas de légitime défense (article 51) qui stipule que : « *Aucune disposition de la présente Charte ne porte atteinte au droit naturel de légitime défense, individuelle ou collective, dans le cas où un Membre des Nations Unies est l'objet d'une agression armée, jusqu'à ce que le Conseil de sécurité ait pris les mesures nécessaires pour maintenir la paix et la sécurité internationales. Les mesures prises par des Membres dans l'exercice de ce droit de légitime défense sont immédiatement portées à la connaissance du Conseil de sécurité et n'affectent en rien le pouvoir et le devoir qu'a le Conseil, en vertu de la présente Charte, d'agir à tout moment de la manière qu'il juge nécessaire pour maintenir ou rétablir la paix et la sécurité internationales.*

Paradoxe : interdite en droit, la guerre est présente dans la pratique des Etats. Que faire ?

La seule alternative juridique possible, à ce jour, est de soumettre la guerre au droit et introduire un peu d'humanité dans les méandres de la guerre[11]. D'où la pertinence

[11] Michel Belanger, Droit international humanitaire général, Paris, Gualino éditeur, 2e édition, 2007, parties 1 et 2

d'institutionnalisation du droit international humanitaire notamment le droit de Genève et ses quatre conventions (1949) et deux Protocoles additionnels (1977) dont les détails sont donnés dans le cadre du cours de droit international humanitaire général dispensé à l'attention des étudiants de première licence en droit public et en droit privé et judiciaire.

Le DIH est subdivisé en trois blocs notamment :

- ✓ **Le droit de la Haye** : c'est la branche qui soumet la guerre au droit (*jus in Bello*). Il fixe les principes de distinction entre combattants et non-combattants ou populations civiles, de nécessité, de proportionnalité etc., pendant les hostilités. Souverains qu'ils soient, les Etats sont tenus de les respecter ;
- ✓ **Le droit de Genève :** C'est la branche dont la vocation est de rendre la guerre plus ou moins humaine en instituant des mécanismes de protection des civils durant les hostilités. Il est composé de quatre Conventions de Genève du 12 août 1949 et de leurs deux protocoles additionnels de 1977 dont l'un protège la population civile en temps de conflits armés internationaux (CAI) et l'autre protège cette population en période des conflits armés non internationaux (CANI) ; et
- ✓ **Le droit de New York :** C'est le droit d'ingérence humanitaire. Certes, les Etats sont souverains, mais lorsqu'il y a violation intensive des droits humains, la communauté internationale peut intervenir en dérogeant au principe de la souveraineté des Etats en vertu de ce droit. C'est l'exception au principe général de non-ingérence dans les affaires intérieures des Etats et ce, en cas des crimes de guerre, crimes contre l'humanité et crime de génocide.

PREMIERE PARTIE
LA FORMATION
DU DROIT INTERNATIONAL PUBLIC

CHAPITRE UN
LE TRAITE

Les sources du droit international sont tirées d'une typologie découlant de l'article 38 du statut de la Cour Internationale de Justice (CIJ). Celui-ci dispose que : « *La Cour, dont la mission est de régler conformément au droit international les différends qui lui sont soumis, applique :*

a) Les conventions internationales, soit générales, soit spéciales, établissant des règles expressément reconnues par les États en litige ;
b) La coutume comme preuve d'une pratique générale, acceptée comme étant le droit ;
c) Les principes généraux du droit reconnus par les nations civilisées ;
d) Sous réserve de la disposition de l'article 59, les décisions judiciaires et la doctrine des publicistes les plus qualifiés des différentes nations, comme moyen auxiliaire de détermination des règles de droit ».

Certes, il n'existe pas de hiérarchisation des sources du droit international. Néanmoins, la présentation trompeuse de cet article 38 donne à voir le traité, par sa solennité, comme la source la plus importante. Dans la pratique, les Etats font appel à telle ou telle source de droit, selon l'opportunité, le moment, le litige.

Les traités peuvent faire l'objet de diverses classifications, fondées sur des critères matériels ou formels. Dans le premier cas, on distingue principalement les traités généraux des traités spéciaux alors que dans le second cas, on distingue surtout les traités bilatéraux des traités multilatéraux. Seule cette dernière classification présente un intérêt pratique, puisqu'elle entraîne d'importantes différences de régime juridique.

Section I : Définition du Traité

Le traité ou convention internationale est une source privilégiée du droit international parce qu'il confirme la volonté explicite des Etats à être liés à une obligation internationale.

Juridiquement, un traité *est un accord international, conclu par écrit entre Etats et régis par le droit international, qu'il soit consigné dans un instrument unique ou dans un ou plusieurs instruments connexes, et quelle que soit sa dénomination particulière*[12].

Soulignons que, le traité peut avoir différentes dénominations telles que : Accord, Acte final, Protocole, Charte, Pacte, etc., toutes ces appellations sont équivalentes en droit international.

EXPLICATION

La définition du traité présente cinq éléments constitutifs ci-dessous :

- ✓ **Le traité, est un accord international** : c'est-à-dire un accord conclu entre deux ou plusieurs sujets de droit international (Etats ou Organisations internationales). Les ONG et les personnes privées n'ont pas la capacité juridique de conclure un traité puisqu'ils ne sont pas des sujets du droit international. Ils ne peuvent soumettre que des propositions, qu'il appartient aux Etats ou aux

---

[12]Article 2 point a de la Convention de Vienne sur le Droit de traité du 23 mai 1969, entrée en vigueur le 27 janvier 1980

Organisations internationales d'adopter sous forme de traité, accord ou convention ;

✓**Conclu par écrit** : il n'existe pas de traité oral. Tout traité doit être écrit, afin de fiabiliser la preuve du texte, en cas de contestation par l'une des parties.

✓**Régis par le droit international** : lorsque les Etats signent et ratifient les traités, ils prennent l'engagement implicite que ces instruments juridiques seront soumis au droit international.

✓**Consigné dans un instrument unique ou connexe :** un traité peut être scindé en 2, 3,4 ou plusieurs documents. Cependant, ce qui compte, c'est l'unité de l'ensemble des textes qui forme un traité.

§1. Conclusion de traité

Trois étapes s'enchaînent dans le processus de conclusion de traité, en l'occurrence **la négociation, la signature, la ratification,** auxquelles s'ajoute **l'adhésion** comme phase supplémentaire.

Toutefois, seules les trois premières étapes sont essentielles à la conclusion d'un traité. L'adhésion est supplémentaire, parce qu'il s'agit d'un acte juridique unilatéral par lequel un Etat tiers, qui n'a pas participé à la conclusion d'un traité, exprime sa volonté à être lié. Dès la validation de l'acte d'adhésion, l'Etat en cause jouit de mêmes droits et de mêmes obligations.

A. La négociation

C'est l'étape au cours de laquelle les représentants des Etats dûment mandatés appelés **Plénipotentiaires**, se réunissent et discutent sur les intérêts et les obligations que chaque partie prenante à la négociation, serait susceptible d'accepter ou de rejeter.

La négociation des traités multilatéraux se déroule généralement au sein d'une conférence internationale placée sous auspices principalement des Nations unies ou d'un Etat choisi par les parties.

EXPLICATION

- ✓ **Plénipotentiaires** : ce terme désigne les personnes à qui il est accordé les pleins pouvoirs pour négocier au nom et pour le compte de leurs Etats.
- ✓ Ces plénipotentiaires peuvent être soit les chefs de mission (ambassadeurs), soit les chargés d'affaires, soit les envoyés spéciaux ou toute personne désignée par le chef de l'État afin d'accomplir cette tâche (un ministre, un conseiller, un parlementaire…), détenant un minimum de compétence pour agir au nom et pour le compte de l'État.
- ✓ Ces plénipotentiaires mettent en balance les **intérêts exprimés en droits** et **les obligations** auxquels les Etats pourraient souscrire. Cette tâche exige que les plénipotentiaires détiennent une compétence reconnue, afin de défendre honorablement les intérêts de leurs pays.
- ✓ L'organisation des négociations peut se faire soit au niveau bilatéral (entre deux pays) soit au niveau multilatéral (entre plusieurs pays). Dans ce cas, c'est souvent dans le cadre du système de l'ONU que se déroulent les négociations.

B. La signature

Après la négociation, les droits et obligations consignés par écrit et acceptés par les plénipotentiaires sont repris dans un document dit « document final ». Celui-ci doit impérativement être signé par tout plénipotentiaire ayant

participé à la négociation. Dans le cas contraire, son Etat sera réputé n'avoir pas participé à la formation du traité.
La valeur juridique de la signature du document final est double : soit d'attester l'authenticité des textes réellement négociés par les plénipotentiaires, afin qu'aucun Etat ne puisse en douter. **Mais la signature seule ne lie pas les Etats** ; soit la signature d'un traité vaut « **ratification** » et c'est le cas d'un *Accord simplifié*. Celui-ci, est un accord international non soumis à la procédure de ratification.
Ce cas est prévu à **l'article 213** de la constitution de la République Démocratique du Congo du 18 février 2006 telle que modifiée en 2011, qui dispose que :
« *Le Président de la République négocie et ratifie les traités et accords internationaux. Le gouvernement conclut les accords internationaux non soumis à la ratification après délibération en Conseil des ministres. Il en informe l'Assemblée nationale et le Sénat* »
Il résulte de cette disposition deux conditions pour que, la signature du gouvernement tienne lieu de ratification d'un accord international :

1. Délibération en Conseil des ministres, afin d'exprimer la responsabilité collégiale du gouvernement
2. L'information de l'Assemblée nationale, parce que le gouvernement, est en principe responsable devant l'Assemblée nationale.

C. Ratification

C'est l'acte juridique par lequel un Etat exprime sa volonté à être lié et à exécuter ses obligations internationales de bonne foi.
Généralement, la ratification est soumise à la procédure interne des Etats et l'autorité compétente peut être soit le

Parlement, soit le Président de la République[13]. Toutefois, la ratification reste un acte discrétionnaire de l'État souverain. L'Etat s'engage à respecter et à faire respecter les droits et obligations découlant du traité ratifié.
La ratification est en principe soumise au droit national. Une fois qu'un traité est ratifié, les Etats sont ténus de déposer les instruments de ratifications auprès de l'État dépositaire. Généralement, c'est le Secrétariat Général des Nations Unies qui en est le gardien, et c'est à lui qu'incombe la charge d'en assurer la publicité.
La publicité du traité a une double justification : - la première, elle évite l'infamie de traités secrets dénoncés à la suite de la Première Guerre mondiale et empêche la violation de *jus cogens* ; - la seconde rend opposable le traité, afin qu'aucune partie ne doute de son existence. Un traité non publié n'est pas opposable aux parties et ne peut être brandi devant la Cour internationale de Justice en cas de différend.

EXPLICATION

La ratification est l'acte par lequel l'autorité étatique constitutionnellement compétente pour conclure les traités, confirme la volonté de l'État de se lier par le traité, et s'engage à l'exécuter de bonne foi. Aucun Etat ne peut être obligé de ratifier un traité international, car chaque pays est souverain et indépendant en droit.
En droit international, la ratification d'un traité par un Etat n'est valide que lorsqu'elle remplit deux conditions :

1. Lorsque la ratification est faite par une autorité compétente pour ratifier un tel traité. En République Démocratique du Congo, trois autorités sont compétentes pour ratifier les accords

[13]Article 213 de la constitution du 18 février 2006 telle que modifiée à ce jour par la loi n°11/002 du 20 janvier 2011

et traités internationaux notamment le Président de la République, le gouvernement et le Parlement lorsqu'il s'agit des accords ou traités dont la ratification est soumise à l'adoption par le biais d'une loi (article 214 de l'actuelle Constitution de la RDC) ;

2. Lorsqu'elle est faite sans contrainte, ni dol, ni erreur fondée sur le fait et non sur le droit.

Durant le processus de conclusion du traité, les Etats ne doivent pas porter atteinte au processus d'élaboration du traité, au nom du principe de bonne foi[14].

Le principe de bonne foi n'a pas une définition conventionnelle en droit international. Toutefois, il peut être entendu comme « l'obligation faite aux Etats d'user de leur prérogative de manière raisonnable, c'est-à-dire, ils doivent faire appel à la raison en vue de respecter et faire les prescrits du traité ; c'est aussi l'obligation qui incombe aux Etats de s'abstenir des actes qui porteraient atteinte à l'objet et au but poursuivi par le traité ».

D. L'adhésion : Phase supplémentaire

L'adhésion est acte juridique par lequel, un Etat tiers qui n'a participé ni à la négociation, ni à la signature du document final, exprime sa volonté à être lié et d'exécuter ses obligations de bonne foi. Lorsque le traité entre en vigueur, il produit ses effets juridiques dans les Etats l'ayant ratifié.

EXPLICATION

✓ Cette procédure permet à un État qui n'a pas signé le texte d'un traité d'exprimer en une seule fois son engagement, après qu'un certain temps se soit

---

[14]Article 18 de la Convention de Vienne sur le Droit de traité de 1961

écoulé depuis l'adoption du texte ou son entrée en vigueur.

- ✓Elle a donc la même portée juridique en termes d'effets, qu'une signature suivie d'une ratification. Après l'entrée en vigueur du traité, d'autres Etats peuvent adhérer, à condition de respecter toutes les clauses du traité.

§2. Les réserves

Une réserve est un acte juridique par lequel, au cours du processus de conclusion d'un traité, un Etat partie, qui estime que certaines dispositions du texte ne lui conviennent pas, bien qu'il approuve le reste de l'accord, renonce à devenir partie prenante au traité dans son ensemble, par une déclaration unilatérale en vue d'exclure de son engagement ces dispositions. On dit alors que cet Etat, tout en devenant partie au traité, formule « des réserves ».

A. Les effets des réserves

La faculté de formuler des réserves permet d'étendre la portée d'un traité multilatéral à des Etats qui n'y auraient pas participé autrement. Aussi, l'article 19 de la convention de Vienne sur le droit des traités dispose que les parties contractantes peuvent interdire ou limiter les réserves.

En cas de silence du traité, le CIJ dans son avis consultatif relatif aux réserves à la convention sur la prévention et la répression du crime de génocide, en 1951, a fixé comme critère d'admissibilité des réserves, leur compatibilité avec l'objet et le but du traité.

Encadré n°1 : Avis consultatif de la CIJ du 28 mai 1951 sur les réserves à la Convention pour la prévention et la répression du crime de génocide du 9 décembre 1948

1. Présentation de l'affaire

Dès l'élaboration de la Convention de 1948 contre le génocide, de nombreux Etats, à l'instar de l'URSS, émirent des réserves sur ladite convention. D'où, l'Assemblée générale par la procédure d'avis a saisi la CIJ pour savoir si ces réserves étaient licites.

2. Problèmes de droits soulevés

La demande de l'Assemblée générale comportait les questions suivantes :

1) L'Etat qui a formulé la réserve peut-il être considéré comme partie à la convention aussi longtemps qu'il maintient sa réserve ?

2) En cas de réponse positive, quel est l'effet de cette réserve entre l'Etat qui a formulé la réserve et d'autres Etats qui ont fait une objection ?

3. Principes évoqués par la Cour

Les questions susmentionnées ont donné à la Cour l'opportunité de développer l'essentiel de sa théorie en matière de réserves aux accords internationaux. En réponse, la Cour évoque les principes ci-après :

✓ *Principe de conformité de réserves à l'objet et au but de l'accord* : les réserves ne doivent pas être incompatibles avec l'objet et le but de l'accord. Les Etats n'ont pas d'intérêts propres, ils ont plutôt un intérêt commun, celui de préserver les fins supérieures qui sont la raison d'être de l'Accord.

✓ *Principe de relativité des réserves* : une telle décision n'aura normalement d'effet que dans les rapports entre l'Etat qui a fait la réserve et celui qui a fait objection.

Chaque Etat est donc libre d'accepter ou au contraire de faire une objection à la réserve formulée par un cocontractant. Cependant, l'objection n'empêche pas le reste du traité d'entrer en vigueur entre l'objectant et le réservataire, à moins que le premier ait nettement exprimé l'intention contraire.
Ainsi, entre l'État qui accepte les réserves et l'État réservataire, le traité s'applique telle que modifié par la réserve alors qu'entre l'État réservataire et l'État objectant, le traité s'applique à l'exception des dispositions sur lesquelles portent les réserves ou bien le traité n'entre pas en vigueur avec l'État réservataire.

EXPLICATION

Au cours de la conclusion du traité, Un Etat peut ou ne pas approuver toutes les dispositions du traité, il peut alors dire que j'accepte certaines dispositions du traité et je rejette d'autres parce qu'elles ne me conviennent pas ou elles sont en violations avec les dispositions de mon droit interne. C'est ce qu'on appelle faire des réserves, **donc accepter le traité sous réserve de (…)**

1er effet : lorsqu'il y a un traité multilatéral, la réserve permet à un grand nombre d'États d'adhérer même s'ils ne partagent pas toutes les clauses du traité. Autrement dit, la réserve permet l'élargissement de l'adhésion à un grand nombre d'États qui acceptent certaines clauses ou refusent d'autres.
2e effet : les réserves risquent de porter atteinte à l'intégrité du traité, c'est-à-dire à son objet ou à sa finalité.
3e effet : les parties cocontractantes peuvent refuser les réserves c'est-à-dire les réserves ne sont pas obligatoires, si le traité ne dit rien, la C.I.J a fixé comme critère d'admissibilité de réserve, **sa compatibilité avec l'objet et le but du traité,** c'est-à-dire une réserve qui est

incompatible avec l'objet et le but du traité n'est pas autorisée.

B. Les conditions nécessaires de réserves

Il faut que le traité lui-même prévoie la possibilité d'émettre des réserves. Est nulle, toute réserve émise sur une disposition du traité, alors qu'une telle possibilité n'est pas prévue par ledit traité.

Ensuite, la réserve ne doit pas remettre en cause l'objet et le but voulus par le traité. Par exemple, réserve formulée contre l'article 2 §4 de la Charte de l'ONU sur l'interdiction d'emploi de la force alors que le but de ladite Charte est de maintenir la paix et la sécurité internationale dans les relations interétatiques.

§.3. L'entrée en vigueur d'un traité

Le droit international ne pose pas des conditions formelles ou impératives, concernant l'entrée en vigueur du traité. Autrement dit, l'entrée en vigueur d'un traité dépend de la volonté des Etats contractants tel qu'il est exprimé en général dans la clause finale du texte.

En pratique, l'entrée en vigueur des traités bilatéraux se réalise en général, au moment des échanges des instruments de ratification. En revanche, celle traités multilatéraux varie selon les traités, soit une date est prévue à cet effet, soit un nombre de ratifications est exigé, etc.

A titre d'exemple, l'entrée en vigueur de la charte des Nations unies était conditionnée à la ratification de cinq membres permanents du Conseil de sécurité ainsi qu'à la ratification de la majorité des pays signataires.

Les cinq membres permanents du conseil de sécurité sont : *Etats-Unis, Russie, Chine, France, Grande Bretagne.*

Bref, il n'y a pas une règle unanime sur l'entrée en vigueur d'un traité, tout dépend de la volonté exprimée par les Etats contractants, telle qu'elle est consignée dans le traité.

§4. La validité d'un traité

Tout comme un contrat de droit privé, un traité pour produire des effets juridiques, doit satisfaire à un certain nombre des conditions, telles que : *le consentement, la capacité, l'objet et la cause*. Ces conditions visent à assurer la régularité du consentement des cocontractants et la licéité de l'objet du traité[15].

A défaut du respect de ces conditions, les dispositions du traité sont frappées de nullité. Il y a des conditions pour qu'un traité soit frappé de nullité notamment :

- ✓Le vice du consentement
- ✓L'irrégularité du consentement au regard du droit interne

Les vices de consentement

Les vices de consentement sont des faits qui entravent la volonté de l'État d'adhérer à un traité. Il s'agit de l'erreur, du dol et de la contrainte.

A. L'Erreur

L'article 48 de la convention de Vienne sur le droit de traité stipule qu'un Etat peut invoquer une erreur dans un traité, comme viciant son consentement à être lié, si l'erreur «*porte sur un fait ou une situation que cet Etat supposait exister au moment où le traité a été conclu et qui constituait une base essentielle de son consentement* ». Pour cela, l'Etat ne doit pas avoir, par son comportement, contribué à commettre l'erreur. L'erreur de droit n'est donc pas acceptable (*C.P.J.I affaire Mavrommatis 1924*).

---

[15]Lire les articles 7, 84, 9, 11,515 et Ss.

Encadré n°2 : Affaire concessions Mavrommatis (CPJI, Grèce c. Royaume-Uni)

1. Présentation de l'affaire

Cette affaire a opposé la Grèce contre la Grande-Bretagne à l'époque sous mandat anglais.

2. Problèmes de droits soulevés

La Grèce a sollicité de la Cour la condamnation de la Grande-Bretagne à la réparation des dommages causés à ses nationaux notamment Mavrommatis en Palestine à l'époque sous mandat anglais.

3. Principes évoqués par la Cour

La Cour, qui vient d'être installée en 1920, a rendu des décisions comportant des principes dont la portée dépasse le cadre de l'affaire notamment :

- ✓ *Principe de l'obligation de négociation préalable* : avant qu'un différend fasse l'objet d'un recours en justice, il importe que son objet ait été nettement défini au moyen de pourparlers diplomatiques ;
- ✓ *Principe de protection diplomatique comme droit propre aux Etats* : ce principe autorise à l'Etat de protéger ses nationaux lésés par des actes contraires au droit international commis par un autre Etat, dont ils n'ont pu obtenir satisfaction par les voies ordinaires.

C'est aussi dans cette affaire que la Cour a défini un « différent international » comme un **désaccord sur un point de fait ou de droit, une opposition de thèses juridiques ou d'intérêts entre deux sujets du droit international.**

EXPLICATION

Une erreur est valable, lorsqu'elle porte sur un fait ou une situation et non sur le droit. En effet, on ne peut pas comprendre qu'un Etat qui négocie et signe un traité, puisse prétexter ignorer que les obligations acceptées, violent son droit interne. Ensuite, l'erreur ne doit pas provenir de l'État qui l'invoque.

En droit de traité, les Etats ne sont pas liés par leurs intérêts, plutôt par leurs obligations. Bref, l'erreur de vice de consentement ne peut être acceptée que si elle porte sur le fait et non sur le droit.

B. Le Dol

Il y a dol, lorsque le consentement est faussé, l'État ayant cru ce qui ne l'était pas, car on l'a trompé. Il doit y avoir volonté d'induire le cocontractant en erreur avec conduite frauduleuse.

L'article 49 de la convention de Vienne sur le droit des traités stipule ce qui suit : « *Un Etat ou une organisation internationale amenés à conclure un traité par la conduite frauduleuse d'un Etat ou d'une organisation ayant participé à la négociation, peut invoquer le dol comme viciant son consentement à être lié par le traité.*

Le dol peut prendre plusieurs dénominations : *la tricherie, la ruse, les artifices, les manœuvres rédhibitoires etc.* »

C. La contrainte

La contrainte peut être exercée sur un Etat ou sur son Représentant. Dans le premier cas, **l'article 52** de la convention de Vienne sur le droit des traités stipule que : « *est nul tout traité dont la conclusion a été obtenue par menace ou emploi de la force en violation de principe de droit international incorporé dans la Charte des Nations Unies* ».

Dans le même esprit, l'expression du consentement d'un Etat à être lié par un traité qui a été obtenu par la contrainte exercée sur son représentant au moyen d'actes ou des menaces dirigés contre lui, est dépourvu de tout effet juridique.

EXPLICATION

Si un Etat est obligé par la force à signer un traité, ce traité sera déclaré nul et de nul effet, car un Etat souverain, doit être libre d'exprimer sa volonté sinon il ne l'est pas (principe d'autonomie de la compétence).

§5. Irrégularité du consentement

Les cas de ratifications imparfaites ne peuvent pas en principe être invoqués par l'État, à moins que la violation du droit interne n'ait été manifeste et ne concerne une règle d'importance fondamentale.

EXPLICATION

Il est rare qu'un Etat signe un traité, sans savoir si ce traité est conforme à son droit interne car nul ne peut se prévaloir de sa propre turpitude.

§6. Illicéité de l'objet du traité

L'article 53 de la Convention de Vienne sur le droit des traités stipule que : « *est nul tout traité qui au moment de sa conclusion est en conflit avec une norme impérative du droit international (Jus cogens).* Aux fins de la présente convention, une norme impérative du droit international *général, est une norme acceptée et reconnue par la communauté des Etats dans son ensemble en tant que norme à laquelle aucune dérogation n'est permise et qui ne peut être modifiée que par la nouvelle norme du droit international général ayant le même caractère* ».

Ces normes supérieures constituent ce qu'on appelle *« jus Cogens »* et correspondent à la transposition dans le droit international du concept **d'ordre public** en droit interne. Toutefois, la convention ne définit pas le Jus Cogens, pas plus qu'elle ne précise son contenu ou mode d'élaboration. Néanmoins, la doctrine qui remplit une fonction auxiliaire dans la détermination des règles de droit[7], s'est très largement emparée du *jus cogens*, à tel point que l'idée d'une hiérarchie normative en droit international, dans laquelle les droits de la personne occupent le premier plan, est de nos jours largement acceptée[8].
En effet, ce n'est qu'en 2001 que la Cour de Strasbourg a admis que **la prohibition de la torture** est une norme impérative du droit international[16], réitérant cette affirmation en 2008. Avant elle, une telle qualification avait déjà été opérée en 1998 dans l'arrêt *Furundzija*[17] rendu par le tribunal pénal pour l'ex-Yougoslavie qui, le premier, s'est emparé du pouvoir d'identifier « le principe de la primauté des droits de l'homme, principe auquel les Nations Unies ont apporté une consécration universelle ».
Le professeur René-Jean Dupuy, en sa qualité de représentant du Saint-Siège, proposa pendant la Conférence de Vienne de retenir la primauté des droits de l'homme comme formant le cœur même du droit impératif.

---

[16] CourEDH, arrêt du 21 novembre 2001, Al-Adsani c. Royaume-Uni, requête n°35763/97, §§60-61

[17] TPIY, IT-95-17/1-T, Chambre de première instance II, arrêt du 10 décembre 1998, Procureur c. Furundzija, §§ 137-139, 144 et 160. Qualifiée de « droit absolu auquel il ne peut être dérogé, même en situation de crise », le Tribunal reconnaît que l'interdiction de la torture génère des obligations erga omnes et s'impose au rang le plus élevé du système normatif international en raison de la « répulsion universelle » que de tels actes inspirent
(Idem., respectivement §§144 et 147)

En ce qui concerne l'article 50, le représentant du Saint-Siège se demande s'il ne serait pas possible, même si l'on renonce à dresser une énumération des normes qui composent le jus cogens, de dégager un principe d'interprétation donnant à cette notion une valeur plus concrète. Pour le Saint-Siège, ce dénominateur commun se trouve dans le principe de la primauté des droits de l'homme, principe auquel les Nations Unies ont apporté une consécration universelle etc.
La Convention sur le droit des traités offre l'occasion de développer cette promotion des droits de l'homme dans l'ordre international conventionnel.
Pourquoi ne pas interpréter l'article 50 comme se référant essentiellement aux droits de l'homme ? En effet, le droit international actuel tend à répudier les pratiques inspirées par l'esprit de discrimination et de domination et à y substituer des solutions fondées sur la compréhension mutuelle et la collaboration. Une telle interprétation se rapprocherait de l'idéal commun de justice qui rassemble, par-delà toutes leurs divergences, tous les hommes de bonne volonté » (A/CONF.39/11, p. 280).
Bref, les normes de jus cogens sont destinées à protéger les intérêts communs à tous les membres de la communauté internationale. A titre d'exemple, l'interdiction de l'esclavage, du génocide, la prohibition de l'emploi de la force armée. S'il est acquis que tout traité contraire à une telle norme serait nul de plein droit, la notion de jus cogens ne fait pas l'unanimité parmi les Etats et la C.I.J elle-même ne l'utilise qu'avec précaution.

EXPLICATION

Une norme impérative c'est une norme obligatoire, c'est-à-dire qui s'impose à tous (*erga omnes*).

Jus cogens : C'est la norme internationale supérieure à toutes les normes. Le qualificatif international sous-entend l'idée de l'humanité où il est proclamé que « les Hommes naissent libres et égaux en droit » (Déclaration des droits de l'homme et du citoyen, Révolution française de 1789). Cette liberté et cette égalité sont censées être consubstantielles à la nature humaine.

Q/ Pourquoi le jus cogens est-il considéré comme une norme impérative ?

R/ Par ce qu'il recouvre l'idée de l'humanité de l'Homme, à laquelle sont attachés aussi bien sa liberté que ses droits fondamentaux. Le Jus Cogens protège la vie de l'homme, raison pour laquelle tous les crimes attentatoires à la dignité humaine, sont imprescriptibles et réprimés sévèrement par le droit international et interne.

A titre illustratif, l'affaire Omar El Béchir peut nous aider à comprendre la pertinence de la notion de *jus cogens*. En effet, il a été reproché à la République Démocratique du Congo de n'avoir pas coopéré aux poursuites et à l'arrestation de ce soudanais recherche par la CPI, soupçonné d'avoir commis le génocide et autres crimes internationaux au Darfour.
Etant donné que la République Démocratique du Congo a ratifié le statut de Rome, qui punit les crimes internationaux et en raison de *jus cogens*, elle aurait dû coopérer avec la Cour, arrêter Omar El Béchir, et faire son transfèrement à la Haye, au sens de l'article 89 du statut de Rome portant création de la cour pénale internationale.
Cependant, des contradictions dans les textes du statut de Rome complexifient la situation. En effet, l'article 98 de statut de Rome pose le principe des « immunités fonctionnelles », d'après lesquelles, le président en fonction, ne peut pas être arrêté.

L'article 27 par contre, pose le principe de « non pertinence de la qualité officielle». Enfin, l'article 86 parle de la coopération entre les Etats parties au traité. Cependant, partant du principe que la norme impérative s'impose à tous, le gouvernement de la RDC devrait arrêter OMAR EL- BESHIR conformément au statut de Rome.

§7. Effets de la nullité des traités

« Les dispositions d'un traité nul n'ont pas de force juridique obligatoire[18]. » Autrement dit, le traité est considéré comme nul depuis le jour où il a été conclu et non depuis le moment de la constatation de sa nullité. C'est le cas d'un traité dont l'objet viole le *jus cogens.*
L'article 69 de la convention de Vienne sur le droit des traités stipule : « *Est nul un traité dont la nullité est établie en vertu de la présente convention. Les dispositions d'un traité nul n'ont pas de force juridique.* » En principe, le traité est déclaré nul dans son ensemble. En cas de nullité pour cause de contrainte ou de contradiction avec le *jus cogens*, le traité sera considéré comme nul dans son ensemble.

§8. Les effets de traité

Les effets de traité peuvent être examinés soit à *l'égard des parties,* soit *à l'égard des tiers,* soit à *l'égard des autres normes*.

A. Effets de traité à l'égard des parties contractantes

Pierre angulaire du D.I.P, la règle de « *pacta sunt Servanda* » est affirmée par la convention de Vienne sur le droit de traité dans son article 26 qui stipule que « *tout*

[18]Article 69 de la convention de Vienne sur le Droit des traités

traité en vigueur lie les parties et doit être exécuté de bonne foi ». Cela implique que les parties respectent la lettre aussi bien que l'esprit du traité. L'exécution de bonne foi exige que les cocontractants usent de leurs prérogatives « *de manière raisonnable* »[19].

EXPLICATION

Le principe *pacta sunt servanda* : le traité doit être exécuté de bonne foi, c'est l'obligation selon laquelle, l'État qui signe et ratifie le traité, s'engage à l'exécuter de bonne foi, c'est-à-dire en exerçant ses droits d'une manière raisonnable et dans le respect des finalités du traité.

B. Les effets de traité à l'égard de tiers

En principe l'article 34 de la convention de Vienne sur le droit de traité rappelle la règle de l'effet relatif de traité en disposant que « *un traité ne crée ni obligation, ni droit pour un Etat, sans son consentement ».*

Les exceptions au principe des effets de traité à l'égard des tiers :

Les articles 35 et 36 de la Convention de Vienne sur le droit de traité prévoient les cas où une *obligation* ou *un droit* peut naître pour un tiers avec son consentement.

Le régime est différent dans les deux cas puisqu'il existe une présomption de consentement de l'État tiers en cas de la création de droits, alors qu'une obligation doit être expressément acceptée.

En effet, l'article 35 stipule que : « *Une obligation naît pour un Etat tiers ou une organisation tierce d'une disposition d'un traité si les parties à ce traité entendent créer l'obligation au moyen de cette disposition et si l'État*

[19]Art. 74 de la convention de Vienne sur le Droit de traité

tiers ou l'organisation tierce accepte expressément par écrit cette obligation. L'acceptation par l'organisation tierce d'une telle obligation est régie par les règles de cette organisation. »
L'article 36 stipule que *: « Un droit naît pour un Etat tiers d'une disposition d'un traité, si les parties à ce traité entendent, par cette disposition, conférer ce droit soit à l'État tiers ou à un groupe d'États auquel il appartient, soit à tous les Etats, et si l'Etat tiers y consent. Le consentement est présumé tant qu'il n'y a pas d'indication contraire, à moins que le traité n'en dispose autrement »*.

De ces deux articles, deux idées peuvent émerger :

- ✓Dans le premier cas (art.35) pour qu'une obligation naisse en faveur d'un Etat tiers, il est exigé son acceptation expresse ;
- ✓Dans le second cas, le simple consentement d'un tiers, suffit pour le transfert de droit.

Autrement dit, la naissance d'une obligation exige une acceptation expresse, tandis que le transfert de droit est lié à une présomption de consentement tant qu'il n'y a pas une indication contraire.
Cependant, il sied de noter qu'en l'absence de tout consentement des tiers, certains traités dits « traités objectifs » peuvent s'imposer aux Etats tiers. Il en est ainsi des traités établissant des statuts territoriaux ou les voies de communication internationales ou d'une entité internationale, par exemple la création d'une organisation internationale.

EXPLICATION

Le principe est qu'un Etat qui n'a pas signé et ratifié un traité, n'est pas lié par ce traité. C'est le principe de la « relativité du traité » (art.34 Convention de Vienne sur le droit des traités). Mais il y a deux exceptions :

✓Un Etat qui n'a pas signé un traité peut manifester expressément sa volonté à être lié par ce traité.

Exemple : la Côte d'Ivoire n'était pas partie au traité de Rome lorsque l'ex-président GBAGBO était au pouvoir. Cependant, le gouvernement WATARA, après avoir accusé celui-ci des crimes internationaux graves, a exprimé son consentement à être lié par le traité de Rome et a envoyé une lettre à la C.P.I à cet effet. La cour a estimé que la Côte d'Ivoire, par le biais de cette lettre, faisait partie des pays membres de la C.P.I, en attendant bien sûr une adhésion formelle.

✓La 2e exception sur le **traité objectif**, le traité n'exige pas l'adhésion des parties, mais nécessite juste le respect des règles qui régissent les différents Etats qui sont parties au traité dans ce domaine.

Exemple : un traité sur *le fleuve Nil lie trois Etats parties (Ethiopie, Soudan, Egypte). Si un touriste chinois souhaite naviguer sur ce fleuve, on ne peut pas lui exiger l'adhésion de son pays, la Chine, à ce traité. En revanche, le chinois devra respecter les règles de la navigation sur le fleuve Nil, telles que prévues par le traité.*

Bref, un traité objectif concerne ce que l'on peut appeler un ensemble des biens publics internationaux et les parties n'ont pas l'obligation d'adhérer à ces traités, mais ils sont tenus de respecter les règles édictées par ces traités.

C. Les effets de traité à l'égard des autres normes

Vis-à-vis des autres sources du droit

Classiquement, on estime qu'il n'existe pas en droit international de hiérarchie des sources. Le droit international est caractérisé par l'équivalence des sources. En effet, même si le traité a souvent la faveur des Etats, il ne bénéficie pas d'une position particulière.

Un traité peut ainsi écarter l'application d'une norme coutumière, et une norme coutumière peut écarter une norme conventionnelle. Autrement dit, une règle coutumière peut également écarter l'application d'un traité.

EXPLICATION

En droit international, les sources s'équivalent, c'est-à-dire du point de vue du droit, il n'y a pas hiérarchie des sources. Par conséquent, une norme conventionnelle peut annuler une disposition coutumière et vice-versa.
Bref, la norme coutumière équivaut à la norme conventionnelle. La seule différence est que la coutume a une portée générale c'est-à-dire qu'elle s'impose à tous les Etats, alors que le traité ne produit des effets qu'à l'égard des parties contractantes.

Cas de traités successifs

Q/ *lorsque 3, 4,5 ou plusieurs traités ont été élaborés pour une matière donnée, quel est le traité qui sera d'application ?*

R/ En cas de différend entre les traités successifs, qu'ils soient compatibles ou pas entre eux, le règlement passe parfois, par l'introduction dans le traité d'une clause établissant une hiérarchie.

Q/*Que faire lorsque le traité ne prévoit pas cette clause ?*

R/Dans ce cas, on recourt à toute une série des principes :

- ✓ *Un traité particulier prévaut sur un traité général ;*
- ✓ *Un traité postérieur prévaut sur un traité antérieur*

N.B : En cas des traités conclus entre les communautés conventionnelles différentes, le principe de l'effet relatif de traité suppose que les Etats n'appliquent dans leurs rapports réciproques que le traité qu'ils ont tout les deux signé.

L'article 103 de la charte des Nations Unies fait prévaloir la primauté de cette dernière sur toute autre obligation conventionnelle incompatible avec elle.

§9. Interprétation de traité

La détermination des effets de traité n'est pas toujours aisée, elle nécessite parfois une interprétation pour en dégager le sens.

Cette interprétation peut être faite de deux manières ; soit par les Etats parties *(interprétation authentique)*, soit par un juge, le plus généralement un juge international. Alors, le juge est guidé par **l'article 31** de la Convention de Vienne sur le droit des traités qui stipule : « un traité doit être interprété de bonne foi, suivant le sens ordinaire à attribuer aux termes du traité dans leurs contextes et sans remettre en cause ni son objet ni son but ».

Des moyens d'interprétation complémentaires peuvent être mis en œuvre, notamment le recours aux travaux préparatoires de l'accord, à la pratique suivie depuis l'accord ou aux circonstances dans lesquelles le traité a été conclu.

EXPLICATION

L'interprétation est un moyen de recours lorsqu'il y a doute entre les Etats signataires qui peuvent soient faire appel à l'interprétation des Etats membres (***interprétation authentique***), soit recourir à l'interprétation d'un juge international. Et l'article 31 pose le principe de l'interprétation de bonne foi.

On peut également chercher la source d'interprétation dans les travaux préparatoires. Ceux-ci peuvent aider à élucider les volontés cachées des parties à l'élaboration du traité, c'est-à-dire chercher à savoir ce qui a été dit avant l'adoption du document final.

§10. Terminaison de traité

Les Etats peuvent souhaiter soit la *modification* soit *l'extinction* du traité.

A. La modification de traité

Un traité peut être modifié de deux manières, soit par un *accord ultérieur* soit par une *pratique ultérieure.*

1. Modification par un accord ultérieur

On peut parler indifféremment de modification, d'amendement ou de révision, pour désigner ce phénomène. Seul le droit interne fait une différence entre ces termes. Selon la Convention de Vienne sur le droit des traités, un traité peut être amendé par accord entre les parties, un second traité peut modifier le traité initial dans le but de l'adapter à une nouvelle situation.

En général, chaque traité prévoit dans ses clauses finales les conditions de sa révision, qui correspondent souvent aux conditions d'adoption du traité lui-même.

En ce qui concerne les traités multilatéraux, les amendements peuvent être adoptés à la majorité ou à l'unanimité des Etats membres. Amender signifie porter une modification dans telle ou telle disposition de traité.

2. Modification par une pratique ultérieure

En cas de silence du traité, la Convention de Vienne sur le droit des traités, admet que les effets d'un traité puissent être modifiés par la pratique suivie depuis la conclusion ou par une coutume.

Ainsi, dans l'affaire de la Namibie en 1971, la CIJ a reconnu que l'abstention des membres permanents du conseil de sécurité, détenteurs du droit de veto, ne faisait pas obstacle à l'adoption d'une résolution par le conseil de sécurité.

Encadré n°3 : Avis consultatif de la CIJ sur les conséquences pour les Etats de la présence continue de l'Afrique du Sud en Namibie

1. Présentation de l'affaire

L'Assemblée générale des Nations unies a évoqué en 1966 le mandat que l'Afrique du Sud exerçait sur le Sud-Ouest africain. Elle a donné plus tard à ce territoire le nom de Namibie. Malgré les injonctions du Conseil de sécurité et la résolution 276/1970 l'obligeant à un retrait, l'Afrique du Sud a refusé de retirer son administration du territoire. C'est ainsi que le Conseil de sécurité a saisi la CIJ par la procédure d'avis consultatif.

2. Problèmes de droits soulevés

Dans sa demande d'avis, le Conseil de sécurité des Nations unies pose la question suivante : *« Quelles sont les conséquences juridiques pour les Etats de la présence continue de l'Afrique du Sud en Namibie, nonobstant la résolution 276 (1970) du Conseil de sécurité ? »*

3. Principes évoqués par la Cour

La Cour est d'avis que la présence continue de l'Afrique du Sud en Namibie est illégale. L'Afrique du Sud avait donc l'obligation de retirer immédiatement son administration de la Namibie et de cesser ainsi d'occuper ce territoire.

En effet, au-delà de son objet propre, cet avis de la CIJ affirme certains principes essentiels du Droit international notamment :

- ✓ *Principe de généralisation du caractère décisionnel des actes du Conseil de sécurité des Nations unies* : Lorsque le Conseil de sécurité constate une illégalité et fait une telle déclaration, c'est au nom de tous les Etats membres en vertu de l'article 24 de la Charte et ces derniers sont tenus de la respecter (article 25 de la charte de Nations unies
- ✓ *Principe d'abstention d'un membre permanent du Conseil de sécurité comme étant non constitutive d'un vote négatif.* Autrement dit, l'abstention des membres permanents ne remet e en cause pas obstacle à l'adoption d'une résolution par le conseil de sécurité.

Certains traités sont conclus pour une période de temps défini à l'avance et s'éteignent quand arrive le terme (date fixée dans le traité ou bien exécution de l'obligation qui constitue la raison d'être de l'accord).
Dans d'autres cas, c'est la survenance d'un évènement extérieur qui va entrainer son extinction par exemple :

- ✓En cas d'incompatibilité du traité avec le principe du *Jus cogens*
- ✓En cas de conclusion des nouveaux traités par des parties ;
- ✓En cas d'impossibilité d'exécution de traité.

En dehors de ces hypothèses, la dénonciation unilatérale d'un traité par une partie est illicite[20], exception faite à l'exécution impossible de traité.
Il existe cependant deux exceptions dans cette matière :

B. L'exception d'inexécution

C'est-à-dire que la violation substantielle des dispositions d'un traité par l'une des parties peut mettre fin au traité[14] sur base de principe « *Exceptio non aduplenti contractus* ». Cependant, cette exception ne joue pas dans le cas de traité humanitaire (cfr cours de droit international humanitaire)

C. La clause Rebus Sic Stantibus

En cas de nécessité, l'article 62 de la Convention de Vienne sur le droit des traités, permet d'invoquer le changement fondamental des circonstances ayant justifié la conclusion d'un accord.
Autrement dit, si les circonstances qui ont constitué « une base essentielle du consentement à être lié sont modifiées au point de transformer radicalement la portée des obligations qui restent à exécuter, une partie peut invoquer cette raison comme condition d'extinction du traité ».

---

[20]Articles 56 et 60 de la convention de Vienne sur le Droit de traité

Toutefois, l'application du principe Rebus sic Stantibus par la CIJ, est très réservée car sa jurisprudence atteste qu'elle ne l'a jamais admis jusqu'à présent *(C.I.J affaire Gabcikovo et Nagymares 1997).*

Encadré n°4 : Arrêt de la CIJ sur le Projet Gabcikovo-Nagymaros (Slovaquie c. Hongrie)

1. Présentation de l'affaire

La Slovaquie et la Hongrie ont une frontière commune constituée par le Danube. Pour stimuler la coopération, un traité relatif à la construction et au fonctionnement du système d'écluses ou barrages de Gabcikovo-Nagymaros a été signé en 1977. Mais dès le commencement des travaux en 1978, le projet est très mal perçu par la Hongrie. La construction du barrage se heurte aux convictions écologistes et devient un enjeu politique. De son côté, la Slovaquie qui n'est pas encore indépendante reste attachée au projet. Après des longues négociations infructueuses, un compromis est trouvé *in extremis* à Bruxelles pour porter l'affaire devant la CIJ.

2. Problèmes de droits soulevés

La question soulevée devant la CIJ par la Slovaquie était de savoir si : *la Hongrie avait-elle le droit de suspendre puis d'arrêter les travaux de construction du barrage en 1989 ?*

3. Principes évoqués par la Cour

Dans cette affaire la CIJ a affirmé deux principes :

- ✓ *Principe d'état de nécessité écologique* : la protection de l'environnement présente un intérêt capital en droit international. Les Etats doivent aujourd'hui tenir compte des considérations écologiques lorsqu'ils décident de ce qui est nécessaire et proportionné à la poursuite de leurs objectifs. Il faut donc concilier le développement économique à la protection de l'environnement.
- ✓ *Principe du changement fondamental de circonstances ne mettant pas fin à un traité* : Pour que le traité cesse de produire ses effets, le changement fondamental de circonstances doit être imprévu ; les circonstances existant de l'époque où le traité a été conclu doivent avoir constitué une base essentielle du consentement des Parties à être liée par le traité.

CHAPITRE DEUX
LA COUTUME INTERNATIONALE

L'article 38 du statut de la CIJ, présente la coutume internationale comme une source du droit international, juste après le traité. D'après cet article, la coutume est définie comme : « *la preuve d'une pratique générale acceptée comme étant le droit* ».

Section I : Eléments constitutifs de la coutume

L'existence d'une coutume ne peut être reconnue que si deux conditions sont réunies : un élément matériel et un élément psychologique.

§1. L'élément matériel

Cet élément se manifeste par l'existence d'une pratique générale, c'est-à-dire la répétition dans le temps d'actes, des faits, des déclarations ou d'agissements, positifs ou négatifs émanant de sujets de droit international.

A. Les précédents

Les précédents ne peuvent fonder une coutume que s'ils constituent une pratique à la fois constante et uniforme. Ils doivent se répéter dans le temps, car la durée de cette répétition finit par fonder la coutume.
Toutefois, l'élément matériel de la coutume peut être constitué dans un temps relativement court. C'est le cas notamment lorsque ces précédents sont issus de résolutions des organisations internationales. L'adoption

de plusieurs résolutions sur une même question, dans un temps limité, peut constituer un précédent susceptible de donner naissance à un processus coutumier (CIJ, Avis conséquences juridiques pour les Etats de la présence continue de l'Afrique du Sud en Namibie, 1971, cfr. Encadré n°3).

B. La répétition des précédents dans l'espace

Pour devenir une coutume universelle, une règle doit être reconnue par la majorité représentative des Etats et non pas la totalité des Etats. La répétition réside dans l'accomplissement répété d'actes dénommés « *précédents* ».

Actes interétatiques

Les actes interétatiques peuvent être classés en plusieurs catégories : les traités internationaux, les actes des organisations internationales, les décisions judiciaires.

1. Les actes interétatiques

- ✓La déclaration : traités de codification prononcer le droit coutumier existante ;
- ✓La cristallisation : traité couronne le processus de création de la coutume : Convention de Montego Bay (1933) ; Convention sur le droit de la mer (1982) ;
- ✓La génération d'une pratique : le traité constitue le point de départ de la règle coutumière.

2. Les actes des OI

- ✓Les O.I peuvent encourager le processus de formation de la coutume ou consolider une coutume déjà existante même si ces décisions ne sont pas contraignantes.

3. Les décisions judiciaires et arbitraires internationales

- ✓Les instances judiciaires internationales et arbitrales peuvent contribuer à la formation de la coutume en créant un précédent. La CIJ joue un rôle essentiel dans la formulation de la coutume.

Remarque :

- ✓La violation d'une norme coutumière n'entache pas la coutume elle-même ;
- ✓Quand un Etat justifie la guerre par la légitime défense, il consacre la règle coutumière de l'interdiction au recours à la force.
- ✓Théorie de l'acquiescence : le silence a valeur d'acceptation de la coutume.

C. La généralité de la pratique

La répétition d'un comportement dans l'espace = l'opposabilité spatiale de la norme coutumière.

Bien que l'art.38 de la CIJ ne fasse allusion qu'aux règles coutumières générales, il n'a jamais été contesté qu'il existe des *coutumes de portée géographique limitée.* L'existence de coutumes régionales et locales est attestée par la pratique et la jurisprudence internationales. La coutume locale déroge à la coutume générale sauf dans le cas de jus cogens.

D. L'élément psychologique : opinio juris sive necessitatis

Constitué par le sentiment, la conviction des sujets de droit, que l'accomplissement de tels actes est obligatoire parce que le droit l'exige. *« Non seulement les actes considérés doivent représenter une pratique constante, mais en outre, ils doivent témoigner, par leur nature ou la minière dont ils sont accomplis, de la conviction que cette pratique est rendue obligatoire par l'existence d'une règle de droit. La nécessité d'une pareille conviction, c'est à dire, l'élément subjectif, est implicite dans la notion même d'opinio juris sive necessitatis.* » (Cfr Affaire du Plateau continental de la mer du nord, 1969).

Encadré n°5 : Arrêt de la CIJ sur le plateau continental de la mer du Nord (Danemark c. Pays-Bas)

1. Présentation de l'affaire

Depuis 1964, le Danemark, les Pays-Bas et l'Allemagne cherchent une solution diplomatique au conflit qui les oppose. Il s'agit de délimiter le plateau continental qui prolonge leur territoire. Les manœuvres diplomatiques n'aboutiront qu'à des délimitations partielles.

2. Problèmes de droits soulevés

Le débat devant la Cour va être marqué par la question de l'opposabilité ou non du principe d'équidistance consacré dans l'article de la Convention de Genève. La Cour constate que l'Allemagne a signé cette convention, mais ne l'a pas ratifié. Le Danemark et les Pays-Bas soutiennent que cette convention était devenue obligatoire pour l'Allemagne, du fait que celle-ci « aurait assumé unilatéralement les obligations prévues dans ladite convention ».

3. Principes évoqués par la Cour

Trois principes sont affirmés par la Cour :

- ✓ *Principe de l'opinio juris sive necessitatis* : Les Etats doivent donc avoir le sentiment de se conformer à ce qui équivaut à une obligation juridique. Dans l'acte posé, ils doivent avoir la conviction que ceci est le droit.
- ✓ *Le principe d'équité* : Quel que soit le raisonnement juridique du juge, ses décisions doivent par définition être justes, donc, en ce sens, équitables.
- ✓ *Le principe des droits de l'Etat côtier sur le plateau continental* : les droits sur ce plateau existent ipso facto et ab initio en vertu de la souveraineté de l'Etat sur ce territoire et par extension de cette souveraineté sous la forme de l'exercice de droits souverains aux fins de l'exploration du lit de la mer et de l'exploitation de ses ressources naturelles. Ce principe consacre le plateau continental comme prolongement du territoire de l'Etat côtier.

En effet, il existe dans la vie internationale une multitude d'usages de pratiques qui sont suivis par la majorité des Etats alors que ça ne constitue pas des règles coutumières, car ils manquent *la reconnaissance de caractère obligatoire.* Dans le cadre d'une coutume au contraire, l'attitude des sujets de droit doit être motivée par la conscience d'un devoir « les Etats intéressés doivent avoir l'assentiment de se conformer à ce qui équivaut à une obligation juridique.

Remarque :

✓ La coutume n'existe que s'il y a la conscience d'une obligation juridique liant les parties.

✓ L'*opinion juris* permet de différentier la coutume d'un simple usage et de la courtoisie car, il manque à ces pratiques ou usages l'élément devant attester de leur caractère obligatoire.

✓ L'abstention : *« C'est seulement si l'abstention est motivée par la conscience d'un devoir de s'abstenir qu'on pourrait parler de coutume internationale ».*

✓ L'abstention : L'interdiction du recours à la force est une abstention et une règle coutumière.

✓ L'identification de l'opinio juris par la pratique des Etats (traités multilatéraux, etc.) et/ou par les résolutions des organisations internationales adoptées à une majorité représentative.

✓ *« La Cour se concentre plus sur l'opinio juris que sur la pratique »*

§2. Théorie du « persistant objector »

Un Etat qui se serait systématiquement opposé à une norme coutumière dès le début du processus de formation, ne serait pas lié par la règle coutumière. L'Etat n'empêche pas la formation de la coutume, mais si sa résistance continue, il s'extrait du champ d'application de cette règle.

La règle des dix milles est inopposable à la Norvège, car elle s'y est toujours opposée. Toutefois, les règles et obligations du droit international coutumier, ne peuvent être subordonnées à un droit d'exclusion exercé unilatéralement et à volonté par l'un quelconque des membres de la communauté à son propre avantage.

Remarques :

✓ L'objecteur subséquent fait opposition à une norme coutumière alors qu'elle a déjà achevé son processus de formation. Ceci est inadmissible en droit.

✓ La coutume régionale ou bilatérale repose sur la volonté des parties, donc comporte l'objecteur tenace. Il en va de même dans le cas où le DIP est incertain.

✓ Généralement l'objecteur tenace sera marginalisé donc il finira par se conformer à la règle. Ex. L'Afrique du Sud et l'apartheid.

✓ Mais si l'objecteur persiste et signe ou qu'il est assez puissant, son retrait de l'accord pourrait empêcher la mise en œuvre de la règle. Exemple du retrait des USA du Protocole de Kyoto en 2001.

§3. La coutume internationale et sa codification

La codification est définie par l'article 15 de la charte de l'ONU comme « la formulation plus précise et la systématisation des règles du droit international dans les domaines où existent déjà une pratique étatique conséquente, des précédents et des opinions doctrinales ».
C'est un processus de conversion des règles coutumières en un corps des règles écrites dont l'objectif est de garantir la sécurité juridique. Néanmoins, la codification n'élimine pas la coutume. Elle ne fait que s'ajouter à sa portée générale en tant que règle coutumière pour les autres Etats qui ne ratifient pas ou n'adhèrent pas au traité codificateur.

Les traités et la coutume entretiennent des rapports de complémentarité.

✓ Codification scientifique = doctrine, non contraignant.

✓ Codification normative = faite par des organes des Organisations internationales, surtout la CDI, et transmise à une conférence internationale afin de devenir un traité international.

Dès que la codification devient un traité elle sera contraignante aux Etats partis. Art 13 de la Charte des Nations unies autorise l'Assemblée générale à faire des recommandations et à encourager le développement progressif et la codification du DIP.

§4. Portée de la codification

- ✓ *Codification du droit international et la transposition permet de préciser et systématiser les règles du droit international dans des domaines où il existe une pratique considérable.*
- ✓ *Toutefois, le fait que les principes sont codifiés ou incorporés dans une convention multilatérale ne veut pas dire qu'ils cessent de s'appliquer en tant que principes de droit coutumier, même à l'égard des pays qui sont parties aux dites conventions.*

EXPLICATION

La coutume a une portée supérieure à un traité car le traité ne concerne que les Etas qui l'ont signé et ratifié, sauf lorsqu'un Etat manifeste la volonté à être lié alors que la coutume s'impose d'elle-même à tous les pays.

Pour être lié par la coutume, il n'est pas nécessaire que l'Etat ait participé directement à sa formation ou l'accepte expressément. Tous les Etats, à moins qu'ils en aient expressément manifesté la volonté contraire sont donc liés par les règles coutumières générales, qu'ils aient ou non contribué à sa formation.

La question s'est posée pour les nouveaux Etats issus de la décolonisation auxquels se sont imposées les règles coutumières de formation antérieure à leur création.
Le principe est alors que ces règles s'imposent, à eux la charge d'essayer de les modifier en prenant l'initiative de lancer un nouveau processus coutumier comme cela s'est réalisé en droit de la mer.
Le principe général dit que la coutume s'impose à tous les Etats. Toutefois, s'il y a des Etats qui ne veulent pas prendre part ou se soumettre à la coutume, ces derniers peuvent demander une modification en prenant l'initiative de lancer un nouveau processus coutumier.
Autrement dit, on n'a pas besoin de demander le consentement d'un Etat pour être soumis à la coutume. Cependant si un pays souhaite qu'il faille modifier telle coutume, il prendra l'initiative de demander cette modification.

§5. Les effets de la codification

- ✓ **La codification a un effet déclaratoire** : Codification *stricto sensu* car la norme coutumière est antérieure au traité
- ✓ **La codification a un effet cristallisant :** Le processus de maturation de la règle coutumière est mené à travers l'élaboration, la négociation et l'adoption du traité de codification, de sorte que la norme coutumière et son reflet écrit achèvent leur parcours en même temps.
- ✓ **La codification a un effet constitutif ou générateur :** La coutume est créée par le traité. La règle coutumière aura donc un support écrit dès sa naissance. Pour que l'exercice d'une coutume soit consacré, elle doit réunir deux éléments, l'un matériel et l'autre psychologique.

§6. Le processus de codification

L'article 13 de la charte des Nations unies confie à l'assemblée générale la mission d'encourager le développement progressif de la coutume internationale et sa codification.

La codification est définie à l'article 15 comme « la formulation plus précise et la systématisation des règles du droit international dans le domaine où existe déjà une pratique étatique conséquente des précédents et des opinions doctrinaires ».

Il s'agit aux demeurant de la conversion des règles coutumières en corps des règles écrites. Ce processus de codification répond a priori à un objectif de sécurité juridique, il vise à réunir en un seul texte des règles coutumières souvent dispensées.

La codification permet de transformer une règle coutumière en règle conventionnelle. Cependant, la codification n'élimine pas la coutume, il n'y a pas le phénomène de substitution, d'absorption entre le traité et la coutume.

CHAPITRE TROIS
PRINCIPES GENERAUX DU DROIT

Section I : Les principes généraux du droit interne

Le juge international pouvait se confronter à une situation dans laquelle, saisi par des Etats pour trancher leurs différends, devrait se déclarer incapable de juger au motif qu'il n'existait pas des règles de droit international applicables au cas d'espèce (la situation de *non liquet*). Pour éviter que cela ne se reproduise les rédacteurs de statut de la C.I.J ont prévu que le juge pouvait avoir recours aux principes généraux du droit reconnus par des nations civilisées.
Ces principes, le juge doit les chercher dans les règles communes aux droits internes des principaux systèmes juridiques mondiaux.
Il ne doit pas s'agir forcément des règles communes, plutôt des règles applicables dans la plupart d'entre eux. Ces règles sont appliquées par analogie aux affaires internationales que le juge doit résoudre.

EXPLICATION

Origine des principes généraux de droit : ces principes ont été suggérés par les rédacteurs du statut de C.I.J, afin d'aider le juge en cas de lacune des règles de droit sur une matière apportée par les parties.

A. Contenus des principes généraux du droit

Le juge a eu fréquemment recours aux principes généraux droit, en vue de dégager des règles procédurales nécessaires à la bonne administration de la justice internationale.

On peut citer par exemple les principes ci-après :

- ✓**Le principe que nul ne peut être juge et partie :** ce principe renvoie à l'idée selon laquelle, lorsqu'un juge a intérêt dans une affaire sur laquelle il est appelé à statuer, il doit se déporter, s'il ne veut pas être récusé.
- ✓**Le principe de l'autorité de la chose jugée :** on ne peut pas revenir sur une affaire, lorsque toutes les voies de recours ont été épuisées, c'est-à-dire qu'un jugement définitif a été prononcé.
- ✓**Le principe de bonne foi :** qui oblige les parties en conflit d'exécuter le traité de bonne foi, c'est-à-dire appliquer leurs prérogatives rationnellement et dans le respect des buts du traité.

La valeur juridique de ces principes est évolutive. Ils sont en effet, initialement révélés par la jurisprudence internationale avant de se transformer en règles coutumières ou conventionnelles.

Section II : Les principes généraux du droit international

Bien que le juge international ait fréquemment recours à ces principes pour trancher des différends, il est difficile de les définir exactement.

Le seul point commun des règles qualifiées des principes généraux de droit est leur extrême généralité et leur haut degré d'abstraction. Ces principes généraux de droit apparaissent comme des axiomes fondamentaux du droit international. Il en est ainsi du concept juridique fondamental de la souveraineté des Etas et de *pacta sunt servanda*.

L'intérêt de ces principes tient en ceci que le juge qui les invoque considère qu'ils ont une vie propre. Il n'a pas besoin d'apprécier leur validité juridique, comme il le fera pour une coutume afin de vérifier qu'un Etat est tenu conventionnellement à cette norme. Dans le même ordre d'idées, la violation répétée d'un principe général du droit ne porte pas atteinte à son existence.

A titre d'exemple**, le principe d'interdiction de recours à la force** existe en droit, en dépit de sa violation répétée par les Etats membres de l'ONU. Il en est également du principe de **droit des peuples à disposer d'eux-mêmes (auto-détermination).**

CHAPITRE QUATRE
LES ACTES UNILATERAUX

Section I : Les actes unilatéraux étatiques

Ce sont les actes par lesquels un Etat exprime unilatéralement sa volonté ou exprime son opinion. Certains de ces actes peuvent avoir une portée juridique sur la scène internationale, qu'ils lient les Etats qui les adoptent ou qu'ils soient opposables à des tiers.
On distingue traditionnellement les actes que les Etats adoptent de façon **autonome** de ceux dont l'adoption est **conditionnée par des engagements conventionnels ou des normes coutumières.**

§1. Les actes autonomes

Parmi les actes autonomes, il y a lieu de citer les actes tournés vers l'extérieur que l'Etat prend de son propre chef. Il peut s'agir des *réactions ou promesses unilatérales*.

A. Les réactions de l'Etat à l'opposabilité d'une situation juridique

L'adoption de tels actes peut être motivée par la volonté de l'Etat de manifester sa réaction vis-à-vis des situations juridiques que l'on prétend lui opposer. Les plus courants sont sans doute la reconnaissance et la protestation.

- ✓**La reconnaissance** est un acte par lequel un Etat reconnait la validité d'une situation nouvelle et considère qu'elle lui est désormais opposable (reconnaissance d'un nouvel Etat par exemple) à la suite de l'expression de son consentement.
- ✓L**a protestation** est un acte par lequel un Etat réagit à une situation qui est opposable par un autre Etat. La reconnaissance autant que la protestation sont des actes discrétionnaires, pris selon les procédures internes et leur validité ne dépend pas d'une quelconque compatibilité avec une norme internationale.

EXPLICATION

Le gouvernement d'Angola a pris un acte unilatéral (discrétionnaire) d'expulser les Congolais de Kinshasa, se trouvant illégalement sur son territoire, alors que le gouvernement congolais s'est dit surpris.

Un autre exemple, le Président Kabila a pris la décision de reconnaitre le nouvel Etat du Sud Soudan. Cet acte unilatéral engage la RDC, même si d'autres Etats voisins, ne reconnaissent pas ce nouvel Etat.

§2. Les promesses unilatérales

Ce sont des promesses solennelles, par lesquelles l'Etat s'engage à adopter tel ou tel comportement, envers tel ou tel Etat.

La C.I.J a admis, dans l'affaire des essais nucléaires opposant la France à l'Australie en 1974, à propos du moratoire annoncé par la France, que de tels actes pouvaient : « avoir pour effet de créer les obligations juridiques ».

Encadré n°6 : Arrêt de la CIJ sur les essais nucléaires français (Australie et Nouvelle-Zélande c. France)

1. Présentation de l'affaire

Le 09 mai 1973, le greffe de la Cour reçoit de l'Ambassade d'Australie aux Pays-Bas une lettre contre la France au sujet de ses essais nucléaires en Polynésie. Le 16 mai 1973, le gouvernement français adresse une lettre à la Cour par laquelle il lui dénie toute compétence. La France fait valoir que sa déclaration d'acceptation de la juridiction de la Cour du 20 mai 1966 comportait une réserve pour les activités se rapportant à la défense nationale.

2. Problèmes de droits soulevés

Outre les revendications propres à l'Australie et à la Nouvelle-Zélande se pose l'épineuse question de la protection internationale de l'environnement.

3. Principes évoqués par la Cour

Dans cette affaire la CIJ a affirmé deux principes :

✓ *Principe du caractère obligatoire des actes unilatéraux* : les actes unilatéraux comme moyen par lequel un Etat exprime sa volonté, font partie de la vie juridique internationale. La déclaration unilatérale est opposable et rend sans objet les requêtes exercées contre elles. C'est une source d'obligation internationale

✓ *Principes du droit international de l'environnement* : l'obligation générale de ne pas causer des dommages à l'environnement dans les zones au-delà de la juridiction nationale ; l'obligation de ne pas introduire des substances dommageables dans le milieu marin ; le principe général de précaution.

EXPLICATION

Lorsqu'il s'impose de telles obligations, l'Etat ne peut pas unilatéralement revenir sur sa promesse sans engager sa responsabilité internationale, puis qu'il a créé des droits au profit des tiers.

La Cour a cependant précisé que lorsque les Etats font des déclarations, ils limitent leurs libertés d'action future, une interprétation restrictive s'impose. Les Etats peuvent faire des promesses et la Cour a considéré que lorsqu'un Etat fait de telles promesses sa responsabilité est engagée

§3. Les actes conditionnés par des normes internationales

Cette catégorie regroupe les actes internes adoptés par l'Etat, dans l'exercice de la compétence qui lui attribue le droit international.

Ces actes dérivent des règles conventionnelles ou coutumières. Ils regroupent par exemple l'adhésion à un traité, le retrait mais aussi bien tous les actes qui sont pris afin de mettre en œuvre une règle internationale.

Il en est ainsi de la délimitation des zones maritimes sous juridictions nationales ou de l'octroi de la nationalité. Contrairement à la catégorie précédente (actes autonomes), l'opposabilité de tels actes aux tiers, dépend de leur validité au regard de droit international.

EXPLICATION

Lorsqu'un Etat adhère à un traité, il est obligé de prendre des actes internes pour mettre en œuvre le traité international, selon la procédure prévue par sa constitution ou ses lois, soit le système juridique moniste ou le système dualiste.

Ex : si le traité OHADA est contraire à la constitution de la RDC, le gouvernement est obligé, au préalable, de

réviser la constitution, afin de créer les conditions d'application de ce traité.

Section II : Les Actes unilatéraux des Organisations Internationales

Les actes unilatéraux des Organisations Internationales sont :

- ✓ *Les décisions*
- ✓ *Les recommandations*

§1. Les décisions

Les décisions sont des actes unilatéraux émanant des organisations internationales, en tant que sujets dérivés de droit international, ayant des droits et des obligations.
Ils peuvent être adoptés par l'organisation en vue de produire des effets internes ou externes.

A. Pouvoir règlementaire interne

On parle de pouvoir réglementaire interne, lorsqu'il s'agit d'actes que l'organisation adopte unilatéralement, mais qui ne créent d'obligation que vis-à-vis d'elle-même ou des Etats membres.

B. Pouvoir réglementaire externe

Certains organes peuvent adopter les décisions qui s'imposent à leurs membres, qu'ils les aient ou non approuvées. L'adoption de tels actes que les Etats considèrent comme portant atteinte à leur souveraineté est réservée à des domaines très précis.
Il s'agit d'abord des décisions adoptées par le conseil de sécurité de l'ONU pour mettre en œuvre les compétences que lui confère le *chapitre 7* de la Charte, relatif au maintien de la paix. Il s'agit de l'exercice du pouvoir quasi-gouvernemental du conseil de sécurité, qui s'impose

aux Etats membres de l'organisation en vertu des articles 24 et 25 de la charte[21].

EXPLICATION

L'article 24 de la charte donne au conseil de sécurité la charge du maintien de la paix et de sécurité internationales.

L'article 25 complète l'article 24 car, après avoir dévolu la compétence du maintien de la paix au conseil de sécurité, les Etats membres s'engagent d'accepter et d'appliquer ses décisions.

Il y a donc trois faisceaux dans ces deux dispositions de la charte :

- ✓ *Les Etats confient la responsabilité au conseil de sécurité de prendre des décisions ;*
- ✓ *Les Etats reconnaissent que le conseil agit en leurs Noms ;*
- ✓ *Les Etats s'engagent d'accepter et d'appliquer les décisions prises par le conseil de bonne foi*

Certaines organisations se sont vues reconnaitre un véritable pouvoir réglementaire dans le domaine très technique, afin d'uniformiser les règles internationales. C'est le cas des institutions spécialisées de système des Nations-Unies.

Enfin, ce pouvoir réglementaire externe est largement reconnu aux organisations d'intégration économique, au premier rang desquelles l'Union européenne, dont les décisions appelées Directives ou Règlements sont directement opposables aux Etats et ont une autorité supérieure aux règles intérieures (primauté du droit européen sur le droit interne des Etats membres.

---

[21]Les Membres de l'Organisation conviennent d'accepter et d'appliquer les décisions du Conseil de sécurité conformément à la présente Charte

§2. Les recommandations

Les recommandations sont des actes adoptés par les organisations internationales de coopération. Il s'agit des actes qui invitent leurs destinataires à suivre un comportement, mais qui ne sont pas juridiquement obligatoires. Il s'agit alors des propositions ou exhortations auxquelles les Etats membres sont libres. C'est le cas de la résolution de conseil de sécurité prise sous le **Chapitre VI (règlement pacifique des différends :** bons offices, négociation, médiation, conciliation)

Autrement dit, lorsque les résolutions de conseil sont prises sur base de Chapitre 6 de la charte des Nations Unies **ces recommandations ne sont pas obligatoires.** Car, il s'agit des conseils sur le règlement pacifique des différends. Néanmoins, lorsqu'elles sont prises sur base de Chapitre 7 de la même Charte, **ces décisions sont obligatoires**.

En vertu du principe de bonne foi, les Etats membres ont au moins l'obligation d'examiner la recommandation et s'ils n'en approuvent pas le contenu, d'en faire connaitre les motifs.

Du point de vue formel, les recommandations n'ont pas une valeur obligatoire. En revanche on leur reconnait une grande portée politique ou morale.

CHAPITRE CINQ
LES MOYENS DE DETERMINATION DE LA REGLE DE DROIT

Les moyens de détermination des règles de droit sont la *jurisprudence*, *la doctrine* et *l'équité.* Leur fonction n'est pas de créer les règles de droit, mais plutôt d'aider à les déterminer.

Ainsi, lorsque l'article 38 du statut de la C.I.J dispose que « *la cour applique les décisions judiciaires et la doctrine des publicistes des différentes Nations », il* les qualifie des moyens auxiliaires de détermination des règles de droit.

L'étude de la pratique internationale montre que le recours à l'équité répond au même objectif. En effet, l'équité correspond à l'idée de justice inhérente à toute règle de droit, qui doit animer le juge international et le guider pour appliquer, à un cas d'espèce, un souci de justice. En ce sens, l'équité est une simple technique d'interprétation.

A ce titre, certains traités prévoient expressément que les normes qu'ils fixent devront être mises en œuvre de manière à parvenir à des résultats justes et équitables (principe *ex aequo et Bono*). C'est essentiellement en matière de délimitation maritime que le juge a eu recours aux principes équitables pour régler les litiges, peut-être parce que c'est le domaine où il est difficile d'appliquer les règles générales et abstraites (CIJ- Affaire plateau continental de la mer du Nord, 1969).

Toutefois, l'utilisation de l'équité, par la jurisprudence, est fréquemment critiquée en raison de l'insécurité juridique qu'elle entraîne, liée à la liberté d'appréciation laissée au juge statuant *ex aequo at Bono*, sur base d'une clause de jugement en équité.

EXPLICATION

Le juge n'a pas la qualité de créer le droit, il applique le droit ; il cherche à déterminer où sont ces règles applicables, si elles ne sont pas explicitement mentionnées. La jurisprudence sur l'équité aide le juge à déterminer les règles de droit qu'il peut appliquer.

Section I : La jurisprudence, la doctrine et l'équité (Moyens de détermination des règles de droit)

§1. La jurisprudence

Tel que visé à **l'article 38** du statut de la C.I.J, la jurisprudence était entendue comme étant composée exclusivement des arrêts de la C.I.J

En effet, la jurisprudence internationale recouvre l'ensemble des décisions adoptées aussi bien par des juridictions que par des tribunaux arbitraux.

L'étude de ces décisions repose sur des précédents, revêtus de l'autorité relative de la chose jugée, constitue un moyen complémentaire d'identification des règles de droit.

De ce fait, la jurisprudence a une influence certaine sur l'interprétation du droit et par là même sur son évolution.

§2. La doctrine

Le recours à l'opinion des publicistes les plus qualifiés, pouvait encore fréquemment servir des moyens de détermination des règles de droit, lorsque le D.I.P n'en était le balisement.

Aujourd'hui, il est évident que les volontés souveraines des Etats ont pris le pas sur les opinions librement exprimées par les individus ou par les sociétés savantes des juristes. Toutefois, la doctrine peut encore jouer son rôle de façon indirecte, par des conseils qu'elle peut donner aux Etats pour formuler leurs pratiques juridiques.

§3 L'équité

Le recours à l'équité telle qu'elle est considérée ici, doit être distingué du fait de statuer ***exe acquo at bono***. L'équité correspond à l'idée de justice inhérente à toute règle de droit.

Elle permet au juge d'adapter la règle de droit à un cas d'espèce, dans un souci de justice. Il s'agit, au demeurant, d'une simple technique d'interprétation.

A ce titre, certains traités prévoient expressément que les normes qu'ils fixent, devront être mises en œuvre de manière à parvenir à des résultats justes ou équitables.

C'est essentiellement en matière de limitation maritime que le juge a eu recours au principe d'équité, pour régler des litiges

,

CHAPITRE SIX
DROIT INTERNATIONAL ET DROIT INTERNE

Section I : La coexistence de deux ordres juridiques

La doctrine a proposé deux théories sur la question, le *dualisme juridique* d'une part et le *monisme juridique* d'autre part.

§1. Le dualisme juridique

Le dualisme prône la cohabitation de deux ordres juridiques et leur indépendance. La conséquence est que pour produire les effets juridiques en droit interne, vis-à-vis des pays membres, le traité doit faire l'objet d'une réception par une loi.

Autrement dit, la théorie dualiste est fondée sur le positivisme volontariste (Tripel et Anzilotti).

✓ *Le droit international n'existe pas sans une loi en droit interne. Il y a une cohésion étanche entre l'ordre juridique interne et l'ordre juridique international, c'est à dire, il y a une pluralité des ordres juridiques séparés les unes des autres.*

✓ *Indifférence réciproque de deux ordres juridiques : Les deux ordres fonctionnent séparément. Chaque ordre est un ensemble autonome et sans lien possible avec l'autre.*

Justification de la théorie dualiste :

L'objet, les sujets et les sources du droit international ne sont pas les mêmes que ceux du droit interne.

Tableau n°1 : Distinction en droit international et droit interne

	Droit international	Droit interne
Objet	Les relations internationales.	L'organisati[illegible] interne.
Sujets	Les Etats.	Les individu[illegible]
Sources	Traités et la coutume.	La constitution les lois.

Bref, Le dualisme exige une transmutation (**acte de réception**) pour être applicable (pour exister) dans l'ordre interne. Par cet acte de réception, en général une loi, le droit international est incorporé en droit interne.

Critiques à la théorie dualiste :

- ✓ *Il est reproché à la théorie dualiste son conservatisme ou archaïsme, face à la multiplication des rapports entre les Etats. Il ne reflète pas toute la complexité des rapports entre le droit interne et le droit international.*
- ✓ *Ne change en rien l'engagement de la responsabilité internationale de l'Etat pour violation du droit international.*
- ✓ *Montre une certaine peur du droit international par rapport à la souveraineté.*
- ✓ *Manque de cohérence.*
- ✓ *Manifestation d'un acte de puissance (approche souverainiste)*

§2. Le monisme juridique

Unité de l'ordre juridique internationale et l'interne (H. Kelsen). Le droit international et le droit interne sont les deux faces d'un même phénomène juridique : un tourné vers l'extérieur et l'autre vers l'intérieur. Le droit international et le droit interne sont des différents genres (interne ou international) d'une même espèce (le droit). Il n'y a qu'une différence de degré. Il n'y a plus rien à transposer, car les deux font partie d'un même ordre juridique, donc le droit international fait automatiquement partie du droit interne. Le monisme consacre la primauté du droit international sur la loi interne. Bref, le monisme prône ***l'unicité de deux ordres juridiques*** c'est-à-dire le traité et son contenu seront du droit interne.

Justification de la théorie moniste :

L'objet, les sujets et les sources du droit international sont identiques.

Tableau n°2 : Convergence entre droit international et droit interne

	Droit international et interne
Objet	La réglementation d'un rapport social
Sujet	Les destinataires ultimes de l'ordre juridique sont les individus.
Sources	La source du droit réside dans l'Etat.

Remarques :

En République Démocratique du Congo, cette théorie est affirmée dans l'article 215 de la constitution du 18 février 2006, telle que modifiée en 2011, dispose que : *Les traités et accords internationaux régulièrement conclus ont dès leurs publications une autorité supérieure à celle des lois internes, sous réserve pour chaque traité ou accord de son application par l'autre partie »*.

A. L'applicabilité directe des traités en droit interne

La notion d'applicabilité directe

L'applicabilité directe est l'aptitude d'une règle de droit international à conférer dans l'ordre juridique interne, des droits et obligations au particulier, sans que des mesures internes d'exécution soient nécessaires (self-executing treaty). L'enjeu est de savoir si l'applicabilité du traité est directe ou non (la norme est-elle suffisamment précise).

L'applicabilité directe du droit international sans le concours d'une mesure d'application de l'ordre juridique interne a été confirmée par la Cour Permanente de Justice Internationale. L'objet même d'un accord peut être l'adoption par les parties de règles déterminées créant des droits et obligations pour des individus susceptibles d'être appliqués par les tribunaux nationaux.

En cas d'applicabilité directe, la règle en question peut être appliquée par le juge national. Elle est ainsi directement opposable à tous les organes de l'Etat.

Les critères de l'applicabilité directe des traités en droit interne.

Double problématique

Critère personnel : Titularité des droits

- ✓Le titulaire doit être un **individu**. La règle est directement applicable si elle a pour titulaire un individu

✓Le développement du droit international a élargi le champ du droit directement applicable. Le titulaire reste toujours l'individu. Les conventions qui s'adressent directement à l'Etat ne sont pas directement applicables.

Critère matériel : nature de la norme

✓Il faut préciser que pour être directement applicable par les tribunaux internes (clarté et précision), la norme doit avoir un caractère inconditionnel, c'est-à-dire que sa mise en œuvre n'exige pas de mesures spécifiques. Lorsqu'une disposition d'un accord déclare que « les Etats parties s'efforceront le maximum possible sur les naturalisations des demandeurs d'asile », l'applicabilité directe de cette norme en droit interne n'est pas garantie, car cette disposition n'est pas assez précise.

Exemples dans la pratique suisse relative à l'applicabilité directe des traités

Affaire Banque de Crédit international c. Conseil d'Etat du Canton de Genève, TF, 1972 :

Un ressortissant GB veut travailler en Suisse et se voit refuser un permit de travail. Il fait un recours se basant sur le traité EFTA. L'article 16 prévoit la non-discrimination à l'emploi. Le TF dit que l'article 16 du traité de l'EFTA a une forme exhortatoire et qu'il est précis. Cet article prévoit la non-discrimination, une notion que les tribunaux peuvent apprécier et juger.

Affaire T. c. Caisse cantonale neuchâteloise de compensation, TF, 1995 :

Cette affaire porte sur une question d'assurance sociale. L'article 9 du pacte de 1966 sur les droits sociaux et économiques prévoit que les Etats reconnaissent le droit à la sécurité sociale. Le TF dit que cette norme n'est pas directement applicable, car elle ne nous dit pas exactement quel type de sécurité sociale. Ainsi, le législateur doit préciser cette disposition avant qu'elle soit applicable. Il y a un manque de précision.

DEUXIEME PARTIE
LES ACTEURS DU DROIT INTERNATIONAL

CHAPITRE SEPT
L'ETAT

L'Etat est le premier sujet de droit international, il est né au XVIe siècle depuis le congrès de WESTPHALIE de 1648. Il a la personnalité juridique interne et internationale, auxquels sont attachés des droits et des obligations au sein de la communauté internationale.

Section I : Eléments constitutifs de l'Etat

L'Etat est constitué des éléments suivants :

- ✓ *Le territoire ;*
- ✓ *La population ;*
- ✓ *Le gouvernement*

I. Le territoire

Le territoire est un élément important de la constitution de l'Etat, car il en est la base matérielle.

Le territoire n'est pas uniforme, il est composé de trois espaces, *terrestre*, *aérien* et *maritime*. Et ceux-ci se présentent sous des formes variables, c'est-à-dire le territoire terrestre, les frontières, les territoires aériens et les territoires maritimes.

§1. Le territoire terrestre

Le territoire est un ensemble des terres délimitées par les *côtes et les frontières terrestres.* Le territoire est un élément constitutif de l'Etat quelle que soit sa superficie. Il peut être continu ou discontinu, c'est-à-dire divisé en

plusieurs parties distinctes. La perte d'une partie de son territoire ne met pas fin à l'existence de l'Etat tant qu'il en conserve une partie.
La situation géographique du territoire est importante non pas seulement, pour qualifier un Etat, mais également pour des raisons géopolitiques car l'enclavement d'un pays peut être un handicap, tandis que l'accès à la mer peut être un avantage.

A. Les frontières

La frontière est la ligne qui marque la limite légale du territoire d'un Etat, le sépare du territoire d'un autre Etat ou d'un espace international.
La frontière marque aussi la limite de la compétence territoriale de l'Etat. La fixation de la frontière est une opération qui se fait en deux actes : d'abord la délimitation par accord entre les Etats concernés avec la signature d'un traité, ensuite la démarcation au sol de la frontière.
Chemin faisant, la frontière peut être *naturelle* (un fleuve ou une montagne) ou *artificielle* (la ligne de tropique ou de l'équateur).
Le principe **uti possidetis juris** a été développé lors de la décolonisation des colonies européennes de l'Amérique latine, au 19^{e}siècle, avant d'être appliqué à la décolonisation de l'Afrique.
Selon ce principe, l'Etat nouvellement créé, hérite des frontières établies par l'Etat colonisateur, sauf un accord des Etats frontaliers, pourrait modifier cette délimitation. Ce principe a été confirmé à la suite de l'effondrement et de la dissolution de l'URSS ainsi que de la Yougoslavie.

§2. Les territoires aériens et maritimes

A. Territoire aérien

Le territoire aérien été reconnu au début du XXe siècle. Il intègre l'espace atmosphérique surplombant l'espace terrestre et les territoires maritimes à *l'exception de l'espace extraatmosphérique.*

B. Territoire maritime

Le territoire maritime est constitué de l'ensemble de l'espace maritime, sur lequel s'exerce la compétence exclusive de l'Etat côtier.

EXPLICATION

La frontière n'est rien d'autre qu'une ligne de séparation de la souveraineté. Elle permet à chaque Etat de limiter sa compétence au sein des limites de son territoire.
Le principe ***uti possidetis juris*** **:** c'est le principe d'intangibilité des frontières, c'est-à-dire que les frontières sont inchangeables, sauf s'il y a un accord entre les Etats frontaliers.
N.B : les territoires ont souvent été les butins de guerre. Il faut également faire une démarcation entre *les espaces tampons* et *les Etats tampons.*
Un espace tampon, c'est un espace réservé aux personnes qui, pendant la guerre, doivent aller et venir soit pour se réfugier, soit pour se soigner ou se nourrir. Autrement dit, c'est un espace humanitaire ou international réservé à la mobilité des personnes poussées par la guerre à rechercher secours. Il s'agit d'un espace protégé par le droit international humanitaire et il ne peut faire l'objet d'aucune attaque militaire pendant la guerre.
Un Etat tampon, c'est un Etat situé entre deux ou plusieurs Etats ou puissances rivales et potentiellement

hostiles. Son existence est censée prévenir des conflits entre ses voisins qui peuvent l'avoir créé à cette fin.

II. La population

La population est constituée des individus qui sont soumis à l'autorité de l'Etat. Autrement dit, la population est composée de deux catégories des personnes, *les nationaux* et *les étrangers* vivant sur le territoire de l'Etat.

§1. Les nationaux

Ils sont liés à l'Etat par le lien de nationalité. L'Etat exerce sur eux une compétence personnelle, quel que soit l'endroit où ils se trouvent. Le droit de la nationalité présente deux aspects, *un aspect interne* et un *aspect international.*

A. Du point de vue du droit interne

L'Etat détermine librement les conditions d'acquisition de la nationalité. Il existe deux grands systèmes d'acquisition originaire de la nationalité : soit la règle de ***jus sanguinis*** *(la filiation par le sang)* et la règle de ***jus soli*** *(droit du sol)***.** Les deux systèmes peuvent se combiner.

La nationalité peut se perdre soit par la déchéance, soit par l'acquisition d'une nouvelle nationalité, même si la Déclaration universelle des Droits de l'Homme stipule que : « *Nul ne peut être privé arbitrairement* de sa nationalité ». Il existe des conflits de nationalité lorsque les législations de deux pays entrent en concurrence. Il s'agit d'un *conflit positif* lorsqu'un individu est pourvu de plusieurs nationalités, ou d'un **conflit négatif** lorsque l'individu ne possède aucune nationalité.

En général les Etats concluent des traités bilatéraux pour régler ce problème et la Convention de New York de 1961, visant à réduire l'apatridie, peut y contribuer.

Bref, la nationalité peut s'acquérir par la naturalisation, adoption et mariage.

B. Du point de vue du droit international

La compétence des Etats n'est pas discrétionnaire. En effet, la nationalité n'est opposable aux autres Etats que si elle est effective, c'est-à-dire si elle a d'existence à sa base un fait social de rattachement, une solidarité effective d'existence, d'intérêts, de sentiments, jointe à une réciprocité de droits et de devoirs (*C.I.J affaire NOTTEBOHN, 1955).*

Encadré n°7 : Affaire Nottebohm (Liechstenstein c. Guatemala), CIJ le 06 avril 1955

1. Présentation de l'affaire

Le gouvernement du Liechtenstein dépose, le 17 décembre 1951, une requ devant la CIJ tendant à obtenir redressement et de réparation des « mesu contraires au droit international » prises par le Guatemala contre « la perso et les biens de M. Friedrich Nottebohm, ressortissant du Liechtenstein ».

2. Problèmes de droit soulevés

Né à Hambourg (Allemagne) en 1991, M. Nottebohm s'est établi Guatemala en 1905 où ses affaires ont prospéré. Etant de nationalité allema lorsque, le 09 octobre 1939, un mois après le début de la guerre, le fondé pouvoir de ses affaires présente en son nom une demande de naturalisat auprès du Liechtenstein, où il a effectué ses séjours. La question suivante a soulevée devant la Cour : *la nouvelle nationalité de M. Nottebohm est-recevable aux fins de la protection diplomatique ?*

3. Principes évoqués par la Cour

Dans cette affaire, la CIJ a affirmé deux principes :

- ✓ *Principe de l'exclusivité de la compétence de l'Etat dans l'attribut de la nationalité* : La Cour reconnait qu'il appartient au Liechtenst comme à tout Etat souverain, de régler par sa législation conditions d'acquisition de sa propre nationalité. Il s'agit donc d' compétence **exclusive**, c'est-à-dire, seul un Etat a la *qua* d'attribuer ou de retirer sa nationalité à une personne.
- ✓ *Principe de l'effectivité de la nationalité* : Recherchant le carac effectif de la nationalité litigieuse, la Cour commence par formule pour le moins frappante : la nationalité n'est pas une chos prendre à la légère. Elle doit être effective, c'est-à-dire, elle présenter un lien suffisamment étroit et réel avec l'Etat qui attribué. Le lien avec le territoire du Liechtenstein était, en l'esp nul. Pour apprécier l'effet international de la nationalité, conclu Cour, on doit rechercher le caractère sérieux ou effectif de celle Par exemple, **l'exercice des droits et obligations attachés à c nationalité.**

EXPLICATION

L'octroi de la nationalité est une prérogative exclusive de l'Etat, qui en détermine les contions d'acquisition ou de perte.

Néanmoins, il n'est pas sans intérêt de débattre de la controverse juridique suscitée par l'article 10 de la constitution de la République Démocratique du Congo du 18 février 2006, révisée par la loi de 2011.

En effet, l'article 10 de cette constitution, dans son alinéa 1er, déclare que « la nationalité congolaise est **une** et **exclusive**, elle ne peut être détenue concurremment avec aucune autre », alors qu'à l'alinéa 3 elle dispose que « Est congolais d'origine, toute personne appartenant aux groupes ethniques dont les personnes et le territoire constituaient ce qui est devenu le Congo (présentement la République Démocratique du Congo) à l'indépendance ».

Selon les juristes qui critiquent l'amalgame entretenu par les alinéas susmentionnés, l'Etat congolais est plongé dans une contradiction fondamentale en matière de la nationalité congolaise d'origine. En effet, expliquent-ils, la nationalité congolaise d'origine est un attribut ethnique. Puisque la compétence est d'attribution, l'Etat congolais n'a qualité ni pour de l'attribuer, ni pour la retirer à un Congolais d'origine ayant acquis une autre nationalité. Et ce, sur base du principe d'antériorité de la nationalité congolaise d'origine attachée aux nations précoloniales (communautés, tribus, ethnies, peuples), « dont les personnes et le territoire constituaient ce qui est devenu le Congo à l'indépendance ».

Ils soutiennent qu'à l'instar d'autres Etats, la République démocratique du Congo a les prérogatives d'octroyer et de retirer, aux conditions prévues par ses lois, la nationalité congolaise d'acquisition individuelle ou la naturalisation. En revanche, ils soutiennent que l'Etat s'honorerait de reconnaître et de consacrer le caractère « inaliénable de la nationalité congolaise d'origine[22] ».

Par-delà l'exceptionnalité congolaise, il ne faut pas oublier le cas du traité de Maastricht de 1992 qui accorde à tous les ressortissants de l'Union européenne, une *nationalité européenne, en complément de la nationalité octroyée par les Etats membres*. Cette nationalité européenne ouvre droit à certaines prérogatives pour les étrangers par exemple la liberté de circulation, le droit de vote aux élections européens et municipales.

Autorité politique exclusive

En tant que personne morale, l'Etat doit être représenté par des organes composés d'individus. Le gouvernement constitue, alors, la forme juridique du pouvoir politique. Dans cette acception, le gouvernement s'entend aussi bien au sens du pouvoir politique (pouvoir exécutif, pouvoir judiciaire, pouvoir législatif) qu'au sens de l'ensemble des structures administratives.

Au regard de D.I.P deux conditions doivent être remplies : l'autorité doit être exclusive et effective :

- ✓Une autorité doit être **exclusive :** par ce qu'il n'y a qu'un seul gouvernement dans un Etat.
- ✓Une autorité doit être **effective** : car un gouvernement doit être réellement apte à exercer ses compétences. C'est ici qu'intervient la notion de la souveraineté des Etats au sens matériel, c'est-à-dire la capacité de faire, la capacité de faire faire, et la capacité d'interdire de faire.

Par contre le D.I.P est indifférent à la forme politique d'État. C'est le principe de *l'autonomie constitutionnelle* rappelé par la C.I.J dans un avis du 21 juin 1971 :

---

[22] Mwayila Tshiyembe, *Refondation de la nation et nationalité en République démocratique du Congo, Paris*, L'Harmattan, 2007

« Aucune règle du droit international n'exige que l'Etat ait une structure déterminée ».

III. La souveraineté

La souveraineté de l'Etat est le principe selon lequel, l'Etat n'est soumis à aucune autorité supérieure. La souveraineté représente deux facettes : la souveraineté *interne* et la souveraineté *internationale*.

§1. Souveraineté internationale

La souveraineté et l'indépendance sont indissociables. La souveraineté représente trois caractères à savoir : la plénitude de la compétence, l'autonomie de la compétence et l'exclusivité de la compétence.

- ✓*La plénitude de la compétence* : c'est-à-dire que l'Etat a la compétence de sa compétence, il décide seul de l'étendue et des limites de ses prérogatives sur son territoire.
- ✓*L'autonomie de la compétence* : les autorités de l'Etat ne peuvent pas être soumises à des autorités extérieures. Cette autonomie est liée au principe de l'égalité souveraine des Etats. Le corolaire de ce principe est le principe de non-ingérence dans les affaires internes des Etats (*charte des Nations unies art.2 p.7)*[23].
- ✓*L'exclusivité de la compétence* : seules les autorités nationales peuvent engager l'Etat pour exercer sur le plan international, les compétences qui lui sont dévolues.

---

[23]Aucune disposition de la présente Charte n'autorise les Nations Unies à intervenir dans des affaires qui relèvent essentiellement de la compétence nationale d'un Etat ni n'oblige les Membres à soumettre des affaires de ce genre à une procédure de règlement aux termes de la présente Charte ; toutefois, ce principe ne porte en rien atteinte à l'application des mesures de coercition prévues au Chapitre VII.

Ainsi, l'Etat a sur son territoire, le monopole de la législation de la contrainte et de la juridiction.

EXPLICATION

L'Etat a la compétence de sa compétence, c'est-à-dire au-dessus de l'Etat, il n'y a pas un pouvoir qui lui est supérieur et l'Etat limite seul ses prérogatives au sein de la nation.

§2. Le domaine réservé

Le domaine réservé est celui des activités étatiques, c'est-à-dire où la compétence de l'Etat n'est pas liée par le droit international et dans lequel les autres Etats ou les Organisations internationales ne peuvent s'immiscer. Ce domaine est consacré par l'article 7 de la charte des Nations unies.

Cependant, le domaine réservé ne peut être limité que par les *engagements internationaux* de l'Etat ainsi que par le *principe du respect des droits fondamentaux de l'Homme et des citoyens*.

§3. Les limites à la souveraineté

Il ne peut y avoir des limites à l'Etat que celles acceptées librement par lui, à travers les traités signés et ratifiés par lui, exception faite de cas d'ingérence humanitaire.

A. Les limites acceptées par l'Etat

Juridiquement, seul l'Etat est compétent pour accepter les limites à sa souveraineté. Il s'agit dans ce cas, des limites découlant :

- ✓De la conclusion de traité international par l'Etat ;
- ✓De l'adhésion à une organisation internationale par l'Etat ;

- ✓De l'obligation de respecter la souveraineté des autres Etats et certaines règles de D.I.P telle que l'interdiction de recours à la force armée et le règlement pacifique des différends.

B. Le droit d'ingérence humanitaire

Si le principe de non-ingérence dans les affaires intérieures de l'Etat constitue la règle, le droit d'ingérence humanitaire est l'exception à cette règle.

En effet, le droit d'ingérence humanitaire a été consacré par les Nations-unies, notamment le conseil de sécurité lorsqu'il décide sur base de chapitre 7. Ainsi, fut autorisé l'usage de la force contre un Etat membre notamment la **résolution 688** du 5 avril 1991 obligeant l'IRAK à ouvrir ses frontières aux organisations internationales humanitaires chargées de secourir les populations civiles kurdes d'une part ; d'utilisation de la force en BOSNIE HERZEGOVINE afin d'acheminer l'aide humanitaire aux victimes, sur base de **la résolution 770** du 13 aout 1992.

Ces deux résolutions constituent le fondement du droit de New York justifié par la nécessité de protéger la paix et la sécurité internationales, sans l'accord préalable des Etats membres.

EXPLICATION

A côté du principe de non-ingérence dans les affaires internes prévu par la charte des Nations Unies, il y a des exceptions qu'il faut retenir entre autres.

Les Etats peuvent eux-mêmes accepter des limites à leur souveraineté soit en adhérant à une organisation internationale, soit en signant et ratifiant un traité. L'ingérence humanitaire ne peut être justifiée que dans trois cas :

- ✓Crimes de guerre ;
- ✓Crimes contre l'humanité ;

✓Crime de génocide ;

Après les polémiques sur le droit ou le devoir d'ingérence humanitaire, il est admis aujourd'hui que le principe de « **responsabilité de protéger** », concept développé par la Commission internationale de l'intervention et de la souveraineté des Etats, en décembre 2001. Autrement dit, « la responsabilité de protéger » repose sur les fondements suivants [24]: - la souveraineté des Etats implique une responsabilité et c'est à l'Etat lui-même qu'incombe, au premier chef, la responsabilité de protéger son peuple.

Quand une population souffre des conséquences d'une guerre civile, d'une insurrection, d'une répression exercée par l'Etat ou de l'échec de ses politiques, et lorsque l'Etat en question n'est pas disposé ou apte à mettre un terme à ces souffrances ou à les éviter, la responsabilité internationale de protéger prend le pas sur le principe de non-intervention. Cela implique la responsabilité de prévenir, de réagir, de reconstruire.

Section II : la formation, la reconnaissance et la fin de l'Etat

§1. La naissance de l'Etat

Depuis la disparition des territoires sans maitres, selon le lexique colonial, un Etat ne peut être créé que par la sécession, le démembrement d'un Etat existant ou le regroupement des Etats.

A. La sécession

La sécession permet à une partie de la population située sur une portion du territoire d'un Etat, de créer un nouvel Etat indépendant. Cet acte se heurte au principe de

[24] Patricia Buirette, Le droit international humanitaire, Paris, La Découverte, 2019, pp.94-95

l'intégrité territoriale des Etats et il ne peut pas être accepté en droit.

B. Démembrement

C'est le fait pour un Etat, d'éclater ou de disparaitre au profit de nouveaux Etats indépendants.
Ex : L'Union soviétique, La Yougoslavie

C. Le regroupement

C'est un acte par lequel des Etats indépendants, décident librement de se mettre ensemble pour ne plus former qu'un seul Etat.
Ex : la confédération helvétique ou la Suisse
Ex2 : la fédération des Etats-Unis. On peut partir de plusieurs Etats, pour en former un seul soit sous une forme fédérale.

D. La décolonisation

C'est l'application du principe du droit des peuples à disposer d'eux-mêmes ou le droit des peuples à l'auto-détermination (art. 1 p. 2 de la charte des N. U[25]). Ce principe a permis aux peuples jadis colonisés ou soumis à une domination étrangère, de créer des nouveaux Etats.

EXPLICATION

Du point de vue des juristes positivistes

D'après les juristes positivistes, le droit des peuples à disposer d'eux-mêmes s'arrête au moment où les peuples se transforment en Etat indépendant ou s'associent librement à un autre Etat. Selon cette acception, le droit

---

[25]Développer entre les nations des relations amicales fondées sur le respect du principe de l'égalité de droits des peuples et de leur droit à disposer d'eux-mêmes, et prendre toutes autres mesures propres à consolider la paix du monde ;

des peuples à disposer d'eux-mêmes ne s'applique qu'à la colonisation européenne.

Du point de vue des juristes non positivistes

Selon ces juristes, le droit des peuples à disposer d'eux-mêmes ne s'arrête pas avec la transformation du peuple en Etat. Bien au contraire, disent-ils, le droit des peuples à disposer d'eux-mêmes est un droit irrévocable, consubstantiel au principe selon lequel « Tout pouvoir émane du peuple » ou « le peuple est la source de pouvoir ».

Il suffit, pour s'en convaincre, de citer le cas de l'Etat soudanais, qui a appliqué le principe de droit des peuples à disposer d'eux-mêmes à ses peuples du Sud, à majorité noire et chrétienne, en quête d'indépendance. Le referendum organisé par l'Etat soudanais a débouché sur la naissance d'un nouvel Etat, le Sud-Soudan.

§2. Problématique de la reconnaissance en droit international

La reconnaissance est un acte par lequel l'Etat accepte l'opposabilité à son égard d'une situation ou d'un acte juridique. La reconnaissance est un acte discrétionnaire de l'Etat, complémentaire aux éléments constitutifs de l'Etat, consacrant son adhésion à la communauté internationale. Il s'agit d'un acte individuel ou unilatéral qui n'engage que l'Etat en cause.

Cependant, la reconnaissance comme acte discrétionnaire a des limites. En effet, l'ONU par la résolution 2625 de l'Assemblée générale et par Avis de la C.I.J sur les conséquences juridiques pour les Etats de la présence continue de l'Afrique du sud en Namibie, ont tous estimé (ONU et la C.I.J : cfr. encadré n°3) que la reconnaissance n'a pas lieu d'être, lorsque l'acquisition territoriale est obtenue par l'usage de la force.

Les caractéristiques de la reconnaissance

A. Du point de vue juridique

La reconnaissance d'Etat n'a qu'une portée déclarative. En effet, l'Etat existe même s'il n'est pas reconnu par quelques Etats, c'est-dire que la reconnaissance n'est pas la condition sine qua non à l'existence de l'Etat. Néanmoins, un Etat a besoin d'être reconnu, afin de nouer des relations diplomatiques avec d'autres Etats.

La reconnaissance peut prendre plusieurs formes. Elle peut être *expresse* ou de jure c'est-à-dire un acte solennel, quelle qu'en soit la forme (un acte unilatéral ou un traité). Elle peut être *tacite* lorsqu'un Etat agit comme s'il avait reconnu l'autre Etat, principalement en établissant des relations diplomatiques ou en faisant le commerce, sans une déclaration expresse.

Il ne faudra pas identifier la reconnaissance de l'Etat à la reconnaissance de gouvernement, car la reconnaissance de gouvernement risque de poser le problème d'effectivité, compte tenu de changements permanents de gouvernement de gré (par la loi) ou de force (par le coup d'Etat, rébellion).

B. La succession d'Etat

L'expression succession d'Etat s'entend au sens de « la substitution d'un Etat à un autre Etat dans la responsabilité internationale d'un territoire » (art.2 al. 1 de la convention de Vienne de 1978 sur la succession en matière de traité).

Autrement dit, la succession d'un Etat est un acte par lequel un Etat remplace un autre Etat. A titre d'exemple, la Fédération de Russie a remplacé l'Union soviétique comme succédant, car il n'y a pas eu rupture. En revanche, l'Ukraine n'a pas succédé à l'Union soviétique.

Lorsqu'il y a changement d'Etat, il y a aussi changement de souveraineté et cela veut dire que le droit public de l'Etat disparu n'est pas opposable à l'Etat héritier.

Cependant, le problème le plus délicat est celui des droits patrimoniaux des particuliers. Le principe de « maintien des droits acquis des particuliers », avait tout d'abord été consacré par la Cour permanente de justice internationale, et ensuite contesté par les nouveaux Etats indépendants. Alors, **la résolution 1803** de l'Assemblée générale de l'ONU a accepté la possibilité pour les nouveaux Etats de nationaliser les biens privés des étrangers, à condition de leur verser une juste et équitable indemnisation.
Quant aux biens meubles et immeubles de l'Etat disparu, ils passent au patrimoine de l'Etat successeur.
Exemple : Ukraine a hérité de la centrale nucléaire de TCHERNOBILE au titre des biens meubles ou immeubles alors que quelques années plus tôt, ce site a connu la première catastrophe nucléaire civile du 25 au 26 avril 1996.
Concernant la question de la dette publique, elle est réglée de façon pragmatique par des accords spécifiques.
En matière de participation à une organisation internationale, il n'y a pas de transfert de responsabilité entre les deux Etats. (C.P.J.I, affaire Usine de CHORZOW opposant l'Allemagne et la Pologne).

Encadré n°8 : Affaire Usine de Chorzów (CPIJ, Allemagne c. Pologne)

1. Présentation de l'affaire

Le conflit oppose la Pologne et l'Allemagne sur l'usine d'azote sise à Chorzów. Salazie est une ville de la Pologne qui avait été annexée à l'Allemagne et la Pologne après avoir récupéré sa ville, a prescrit des mesures contraires à la Convention de Genève. Elle a ensuite fondé son action sur les actes judiciaires pris à l'interne.

2. Problèmes de droit soulevés

La question soulevée était celle de la protection des droits acquis avant la souveraineté polonaise. Pour la CPJI, l'action des autorités polonaises, qui avaient déclaré nuls certains droits acquis des particuliers, était contraire au principe selon lequel, en cas de changement de souveraineté, les droits privés doivent être sauvegardés.

3. Principes évoqués par la Cour

Dans cette affaire, la Cour a eu l'opportunité d'affirmer les principes ci-après :

- ✓ *Principe de la primauté du droit international sur les décisions judiciaires internes* : il est irrecevable qu'un jugement national pût infirmer, indirectement, un arrêt rendu par une instance internationale... quel que soit l'effet du jugement du tribunal de Katowice du 12 novembre 1927 du point de vue du droit interne, ce jugement ne saurait effacer la violation de la Convention de Genève constatée par la Cour.
- ✓ *Principe de réparation du fait dommageable* : la réparation doit, autant que possible, effacer toutes les conséquences de l'acte illicite et rétablir l'état qui aurait vraisemblablement existé, si ledit acte n'avait pas été commis (Restitution). Ou, si elle n'est pas possible, le paiement d'une somme correspondant à la valeur qu'aurait la restitution (indemnisation) y compris les gestes symboliques (pardon, excuse, courtoisie, etc.)

Section III : Les relations diplomatiques

§1. Définition

La diplomatie peut se définir comme étant un ensemble des moyens par lesquels les Etats établissent et maintiennent des relations mutuelles au sein des sociétés internationales.

Selon la C.I.J, la diplomatie est un instrument essentiel de coopération efficace dans la communauté internationale, qui permet aux Etats nonobstant les différences de leurs systèmes constitutionnels et sociaux de parvenir à la compréhension mutuelle et de résoudre leurs divergences par des moyens pacifiques (C.I.J ordonnance du 15 déc. 1980 dans l'affaire du personnel diplomatique de l'ambassade des Etats-Unis à Téhéran).

Encadré n°9 : Affaire personnelle diplomatique et consulaire des Etats-Unis à Téhéran (Iran c. Etats-Unis, CIJ, le 24 mai 1980)

1. Présentation de l'affaire

Le 4 novembre 1979, une manifestation hostile des plusieurs milliers de personnes avait eu lieu en face de l'ambassade des Etats-Unis à Téhéran. Plusieurs manifestants s'étaient détachés et envahi l'ambassade, dont les locaux diplomatiques étaient vite saccagés. Tous les membres du personnel et autres personnes qui se trouvaient sur les lieux avaient été pris en otage.

2. Problèmes de droit soulevés

Plusieurs questions ont fait débat dans cette affaire notamment : La nature du litige ; La pertinence du droit diplomatique ; et l'imputabilité de la responsabilité internationale.

3. Principes évoqués par la Cour

Dans cette affaire, la Cour a eu l'opportunité d'affirmer les principes ci-après :

- ✓ *Principe de la séparation des aspects d'un différend :* l'affaire politique échappe à la compétence de la Cour qui ne peut connaitre que des différends d'ordre juridique.
- ✓ *Principe du caractère fondamental du droit diplomatique* : le droit diplomatique assure l'inviolabilité des diplomates et des ambassades, des nations de toutes les croyances et de toutes les cultures ont observé des obligations pareilles.
- ✓ *Principe de l'obligation de due diligence* : L'Etat accréditaire a l'obligation de prendre des mesures appropriées afin de protéger les locaux, le personnel et les archives des missions diplomatiques accréditées sur son territoire (empêcher ou arrêter les auteurs d'acte d'agression contre les missions diplomatiques).

EXPLICATION

En principe, un Etat n'est responsable que des faits qui lui sont imputables directement en matière de responsabilité internationale. Néanmoins, dans l'affaire précitée (Etats-Unis contre IRAN), la CIJ a posé le « principe du due diligence », afin d'engager la responsabilité de l'Etat iranien à cause des actes posés par des privées non revêtues de la qualité d'agents de l'Etat.

S'il en est ainsi, précise la CIJ, c'est parce que l'Iran a manqué à ses obligations internationales de protection des missions diplomatiques ou consulaires étrangers sur son territoire.

Il n'a ni empêché les actes de pillage de la mission diplomatique américaine, ni arrêté les délinquants, ni soumis à la justice l'examen de leurs dossiers en vue de rendre justice. C'est-à-dire que la cour avait considéré qu'il y avait violation de la convention de Vienne sur les relations diplomatiques de 1961.

Bref, la décision de la C.I.J souligne qu'à titre exceptionnel, la responsabilité internationale de l'Etat peut être engagée sur les actes des individus n'ayant pas qualité d'agents de l'Etat, s'il y a manquement de l'Etat à ses obligations internationales.

Rappelons que les relations diplomatiques n'ont pas toujours existé. Elles datent en fait du 15e siècle, bien que la pratique diplomatique se soit rependue d'abord en Europe, ensuite dans l'ensemble d'Etats du monde.

Autrement dit, c'est le Congrès de Vienne de 1815 qui, pour la première fois, a procédé à la codification du droit diplomatique, complétée quelques années plus tard par la Convention de Vienne du 18 avril 1961 sur les relations diplomatiques.

§2. Etablissement et rupture des relations diplomatique

Le D.I.P reconnait aux Etats un droit de légation qui peut être actif ou passif. Il est actif, lorsque l'Etat *accréditant* envoie des représentants auprès de l'Etat *accréditaire*. Il est passif lorsqu'un Etat reçoit des représentants d'un autre Etat ou Etat accréditant.

Les relations diplomatiques s'établissent par un consentement mutuel. La décision d'établir ou de maintenir ces relations est discrétionnaire. Elle est généralement liée à la reconnaissance d'un Etat.

La rupture des relations diplomatiques est un acte discrétionnaire également. Il suppose, en général, qu'il soit survenu une profonde détérioration des relations politiques entre les Etats, comme l'affaire du personnel diplomatique de l'ambassade des Etats-Unis à Téhéran.

Un Etat peut prendre unilatéralement la décision de fermer sa mission diplomatique. En vertu du principe de la réciprocité, l'Etat victime de cette décision unilatérale est obligé de riposter, en appliquant le principe de réciprocité.

Néanmoins, la rupture est souvent automatique, en cas de guerre entre les deux Etats. Dans ce cas, le CICR (Comité international de la Croix rouge) peut demander à ses membres de rompre leurs relations diplomatiques avec un Etat par solidarité. Ainsi, l'article 41 de la charte des Nations unies prévoit que la rupture des relations diplomatiques est une sanction pouvant être décidée par le Conseil de sécurité contre un Etat, en cas de menace contre la paix, de rupture de la paix ou en cas d'agression. *Exemple des sanctions prises par le Conseil de sécurité contre la Yougoslavie en 1992.*

§3. La mission diplomatique

Le terme mission diplomatique désigne l'ensemble du personnel nommé par l'Etat accréditant, pour exercer sur l'autorité d'un chef de mission, des fonctions de caractère diplomatique sur le territoire de l'Etat accréditaire.

Par contre, il faut entendre par le corps diplomatique, l'ensemble des agents diplomatiques de diverses missions, accrédités dans un Etat.

C'est l'Ambassadeur qui est le chef de la mission diplomatique. Sous son autorité, l'on trouve un ensemble d'agents diplomatiques à savoir : conseillers, secrétaires d'ambassade, attachés diplomatiques. Les effectifs de la mission doivent être définis par un accord entre les deux Etats (convention de Vienne, article 2)

Le chef de mission ne peut prendre ses fonctions, qu'avec l'agrément de l'Etat accréditaire. Il présente au chef de l'Etat accréditaire, ses « lettres de créance ». Les autres nominations du personnel diplomatique, se font par simple notification.

§4. Les fonctions de la mission diplomatique

Conformément à la Convention de Vienne sur les relations diplomatiques de 1961, la mission diplomatique exerce les fonctions suivantes :

- ✓Représenter l'Etat accréditant ;
- ✓Protéger les intérêts de l'Etat accréditant et de ses ressortissants se trouvant sur le territoire de l'Etat accréditaire. Il s'agit de la protection diplomatique ;
- ✓Négocier avec l'Etat accréditaire ;
- ✓Informer l'Etat accréditant de la situation de l'Etat accréditaire ;
- ✓Entretenir et développer les relations entre les deux Etats.

§5. Les immunités diplomatiques

Les immunités diplomatiques ont pour but de permettre au personnel diplomatique d'exercer ses fonctions en toute indépendance par rapport à l'Etat accréditaire. « Dans la conduite des relations entre Etats, il n'est pas d'exigence plus fondamentale que celle de l'inviolabilité des diplomates et des ambassades » (CIJ, Affaire du personnel diplomatique et consulaire des USA à Téhéran : cfr encadré n°9).

Ces immunités comprennent d'une part, **la liberté de communication,** sans contrôle de l'Etat accréditaire (télégrammes chiffrés, valise diplomatique) ; d'autre part l'inviolabilité du personnel diplomatique qui ne peut, ni être arrêté ni détenu (la même protection est élargie aux familles) ; l'inviolabilité des locaux diplomatiques (les agents de l'Etat accréditaire ne peuvent pas y pénétrer sans le consentement du chef de mission) et l'Etat accréditaire est chargé de la protection de ces locaux, ainsi que des biens meubles, archives et documents.

Aux immunités fiscales, s'ajoute l'immunité de juridiction qui est absolue autant que l'inviolabilité du personnel diplomatique, c'est-à-dire qu'elle s'exerce que l'agent diplomatique soit ou non dans le cadre de ses fonctions.

En contrepartie de ces immunités, les agents diplomatiques ont l'obligation de respecter les lois de l'Etat accréditaire et de ne pas s'ingérer dans ses affaires intérieures de l'Etat accréditaire.

Si un agent diplomatique ne se conforme pas à ces obligations (notamment en cas d'espionnage), l'Etat accréditaire peut le déclarer « persona non grata » c'est-à-dire « personne indésirable ou indigne » et lui enjoindre (contraindre) de quitter son territoire.

Le principe d'inviolabilité des locaux diplomatiques a eu comme conséquence indirecte de poser la question de droit d'asile. En effet, si le demandeur d'asile est un délinquant

de droit commun, la mission diplomatique doit le remettre aux autorités de l'Etat accréditaire.
S'il s'agit d'un réfugié politique, le problème est plus délicat car la convention de Vienne sur les relations diplomatiques n'aborde pas ce sujet. Cependant, dans l'affaire dite du droit d'asile (C.I.J affaire Raoul Haya de la Torre entre le Pérou et la Colombie 1951), la CIJ n'a pas reconnu l'existence d'un droit d'asile. En fait, les Etats sont invités à agir au cas par cas, en tenant compte des considérations essentiellement politiques et non juridiques.

Encadré n°10 : Affaire Haya de la Torre (Colombie c. Pérou, CIJ le 13 mai 1950)

1. Présentation de l'affaire

Le 03 octobre 1948, une rébellion militaire éclate au Pérou. M. Victor Haya de la Torre opposant au régime est accusé de l'avoir organisée. Le 11 octobre 1948, une instruction est ouverte contre lui pour crime de rébellion. Craignant pour sa vie, le péruvien réfugie à l'ambassade de Colombie à Lima.

2. Problèmes de droit soulevés

Dans cette affaire la question soulevée était celle-ci : de l'Ambassade colombienne pouvait-elle accordé le droit d'asile à Monsieur Haya de la Torre ?

3. Principes évoqués par la Cour

Dans cette affaire, la Cour a évoqué le principe suivant :

✓ *Principe de l'opposabilité d'une pratique au titre de la coutume* : le droit d'accorder l'asile est un droit coutumier reconnu à tout Etat souverain. Cependant, l'Etat donneur d'asile a l'obligation d'apprécier la nature de la cause qui a conduit l'impétrant à solliciter l'asile. Ce droit n'est accordé que pour des motifs politiques lorsque l'intégrité physique de la personne est menacée.

§6. Les relations consulaires

Les relations consulaires sont nées au 13^esiècle. Elles étaient étroitement liées au commerce international. De nos jours, elles font l'objet de la convention de Vienne sur les relations consulaires du 24 avril 1963, entré en vigueur en 1967.

Etablissement et rupture des relations consulaires

L'établissement des relations consulaires est soumis à la règle du consentement mutuel. Elles ne dépendent pas de l'existence des relations diplomatiques et chemin faisant, la rupture des relations diplomatiques n'entraîne pas la rupture automatique de relations consulaires.
Les chefs des postes consulaires (les consuls) ont une compétence territoriale définie dans l'Etat de résidence, c'est-à-dire la circonscription consulaire.

A. Le personnel consulaire

Il existe deux catégories de consuls : d'un côté les « consuls fonctionnaires » qui ont la nationalité de l'Etat d'envoi et de l'autre, « les consuls honoraires » qui n'ont pas la nationalité de l'Etat accréditant.
Il s'agit, le plus souvent, des ressortissants étrangers voire des ressortissants de l'Etat de résidence, qui y exercent une activité professionnelle. Ils ne bénéficient pas de mêmes immunités que les consuls.
L'Etat d'envoi ou l'Etat accréditant nomme le consul par un document appelé « ***Lettre de provision*** » et ce dernier doit être autorisé à exercer ses fonctions par l'Etat de résidence moyennant l'autorisation appelée « *Exequatur* ».

EXPLICATION

Le terme « exéquatur » désigne l'autorisation délivrée par l'Etat de résidence au consul pour lui permettre d'exercer ses fonctions sur son territoire.

B. Les fonctions de la mission consulaire

Les fonctions de la mission consulaire sont purement administratives. La convention de Vienne sur les relations diplomatiques (signée le 18 avril 1961 et entrée en vigueur le 24 avril 1964), énumère quelques fonctions consulaires notamment :

✓ Protéger les intérêts de l'Etat d'envoi et de ses ressortissants ;

✓ Assurer les fonctions d'état civil et d'assistance judiciaire ;

✓ Délivrer des passeports et des visas ;

✓ Favoriser le développement des relations culturelles, économiques et commerciales entre les deux Etats

✓ Contrôler et porter assistance aux navires et aéronefs de l'Etat d'envoi ainsi qu'à leurs équipages.

Les immunités consulaires

Contrairement aux immunités diplomatiques, les immunités consulaires sont purement fonctionnelles, c'est-à-dire qu'elles ne portent que sur les actes accomplis par le consul dans l'exercice de ses fonctions. Les inviolabilités portant sur les bâtiments et les communications sont réduites aux nécessités de la fonction.

CHAPITRE HUIT
LES ORGANISATIONS INTERNATIONALES

Section I : Définition

Une organisation internationale peut être définie comme « une association d'Etats, constituée par un traité, dotée d'une constitution et d'organes communs et possédant une personnalité juridique distincte de celle des Etats membres ». Les organisations internationales peuvent être classées en plusieurs catégories :

- ✓ Soit selon leur composition (organisation à vocation universelle ou à vocation régionale) ;
- ✓ Soit selon leur compétence (organisation économique, de défense, organisation d'intégration, etc.) ;
- ✓ Soit selon leur autorité (organisation d'intégration ou organisation de coopération)

Section II : Création, participation et disparition des internationales

A. Création

La création est attestée par l'acte consultatif de l'organisation, qui définit ses compétences et ses moyens.

B. Participation

En principe, seuls les Etats souverains peuvent être membres d'une organisation internationale ou organisation intergouvernementale.

L'adhésion à une organisation internationale est un acte volontaire des Etats. De même, l'acceptation de la candidature d'un Etat est un acte volontaire de l'organisation. On distingue les « membres originaires », c'est-à-dire ceux-qui qui ont participé à la constitution de l'organisation et les « membres admis », c'est-à-dire les Etats qui ont adhéré à l'organisation après sa création.
C'est l'acte constitutif qui détermine les conditions et les processus d'admission des Etats membres.

C. La disparition de l'organisation internationale

Une organisation internationale peut être appelée à disparaitre soit pour être remplacée par une autre, soit pour s'éteindre complètement si elle a perdu toute utilité.
En cas de succession, il y a transfert des compétences à l'organisation qui prend la succession.

Section III : Les organes de l'organisation internationale

La structure des organisations internationales est variable. Cependant, on peut classer les organes selon les critères suivants :

A. Les organes principaux distincts des organes subsidiaires

Les organes principaux sont créés par le traité constitutif, tandis que les organes subsidiaires sont créés par les organes principaux.

B. Les organes pléniers distincts des organes restreints

Les premiers accueillent les délégations de tous les Etats membres, tandis que les seconds n'admettent qu'une partie des délégations des Etats membres.

C. Les organes interétatiques distincts des organes supranationaux.

Les premiers organes confirment la détention du pouvoir décisionnel par les Etats (conseil des ministres et conseil européen), tandis que les seconds attestent le transfert des certaines compétences des Etats au niveau régional (par exemple le Parlement européen et la Commission de l'Union).

D. Les organes délibérants et des organes juridictionnels

Les organes délibérants adoptent les textes et définissent les orientations de l'organisation (exemple de Conseil de sécurité des Nations unies ou l'Assemblée générale de l'ONU), tandis que les organes juridictionnels sont chargés de règlement des litiges entre les Etats (exemple la C.I.J).

Section IV : La personnalité juridique

Contrairement aux Etats qui sont sujets originaux de droit international, les organisations internationales sont des sujets dérivés du droit international, car elles sont créées par les Etats et sont titulaires des droits et des obligations par la volonté de ces Etats.

Elles disposent d'une « personnalité juridique internationale », c'est-à-dire qu'une organisation internationale est un sujet de droit international et elle dispose de la capacité d'être titulaire des droits et obligations à l'échelle internationale, selon sa spécialisation. Les organisations disposent également de la personnalité juridique interne, leur permettant d'exercer leurs prérogatives sur le territoire des Etats membres, c'est-à-dire contracter et ester en justice *(affaire Réparation des dommages subis au service des Nations unies.*

Encadré n°11 : Affaire Bernadotte : *Réparation des dommages subis au service des Nations unies*, CIJ, le 11 avril 1949

1. Présentation de l'affaire

Comte Folke Bernadotte de nationalité suédoise, médiateur des Nations Unies, est assassiné par des extrémistes juifs à Jérusalem, le 7 septembre 1948, dans l'exercice de ses fonctions. L'Assemblée générale de l'ONU s'est chargée du problème et a saisi la CIJ par la procédure d'avis consultatif.

2. Problèmes de droit soulevés

A sa demande, l'Assemblée générale de l'ONU voulait savoir : *au cas où un agent des Nations Unies subit, dans l'exercice de ses fonctions, un dommage dans des conditions de nature à engager la responsabilité d'un Etat, l'ONU aurait-elle qualité pour représenter le gouvernement de jure ou de facto responsable, une réclamation internationale en vue d'obtenir la réparation des dommages causés ?* En cas de réponse affirmative : *comment l'action de l'ONU doit-elle se concilier avec les droits que l'Etat dont la victime est ressortissante pourrait posséder ?*

3. Principes évoqués par la Cour

Dans cette affaire, la Cour a évoqué les principes suivants :

- ✓ *Principe de la personnalité juridique internationale objective des Organisations Internationales :* Bien qu'aucune disposition de la Charte ne confère expressément à l'ONU une personnalité juridique internationale. Cependant, la Cour déduit que l'ONU, créée par les Etats, « était destinée à exercer des fonctions et à jouir des droits qui ne peuvent s'expliquer que si l'Organisation possède dans une large mesure de personnalité juridique internationale et la capacité d'agir à l'international ». Il s'agit, précise la Cour, d'une personnalité juridique internationale objective qui existe pour toute organisation internationale ;
- ✓ *Principe de la compétence implicite de faire une réclamation internationale* : l'ONU est implicitement compétente pour faire une réclamation internationale auprès d'un Etat qui a violé une obligation internationale ayant causé préjudice au personnel de l'ONU.

§1. De la compétence

L'organisation internationale peut exercer deux compétences : la compétence normative et la compétence de contrôle.

- ✓**La compétence normative** : c'est celle qui permet à l'organisation de participer à la formation des règles de droit international
- ✓**La compétence de contrôle** : est celle qui permet à une organisation de contrôler et de sanctionner les Etats membres conformément à l'acte constitutif (le pouvoir d'exclusion d'un membre, le pouvoir de sanction privative de droit de siéger, de voter, de faire élire ses ressortissants à la fonction publique internationale).

§2. Les moyens de l'organisation

- ✓**L'accord de siège** : c'est un accord signé entre l'organisation et l'Etat sur le territoire duquel elle s'établit. L'accord permet d'attribuer à l'organisation des privilèges supplémentaires sur son district administratif, les immunités des fonctions et les conditions d'établissement de l'organisation.
- ✓**Le personnel** : il est principalement composé des « fonctionnaires internationaux », mais également « d'agents contractuels ». Ils ne doivent pas être confondus avec les agents diplomatiques représentants des Etats. Selon la CIJ, est considéré comme agent international, « toute personne par qui l'organisation agit »

EXPLICATION

L'agent diplomatique ne doit pas être confondu avec l'agent international.

- ✓ **Un agent diplomatique** : c'est un représentant de l'Etat (diplomate, envoyé spécial…). Bref c'est une personne que l'Etat envoie pour le représenter.
- ✓ **Agent international** : c'est un représentant d'une organisation internationale.

§3. Les finances comme moyens de l'organisation

Les organisations internationales disposent d'une autonomie financière qui doit garantir leur indépendance vis-à-vis des Etats membres. Il existe deux types de contribution : contribution obligatoire et contribution volontaire.

Les contributions obligatoires sont des **cotisations** des Etats membres, alors que les **contributions volontaires** désignent tout apport financier que les Etats veuillent bien octroyer à l'organisation.

CHAPITRE NEUF
LES ORGANISATIONS NON GOUVERNEMENTALES

Le terme ONG est apparu pour la première fois à l'article 71 de la charte des Nations Unies, sans pour autant être défini.
On peut définir l'organisation non-gouvernementale comme une association internationale, créée par une initiative privée, dont les membres sont des personnes privées ou publiques à l'exclusion des Etats et qui exercent les activités à buts non lucratifs.

Section I : caractères d'une organisation non gouvernementale

Une organisation non gouvernementale a des caractères suivants :

- ✓A la différence d'une organisation internationale une ONG est une association créée par des privés et non par les Etats
- ✓Les ONG sont des associations à but non lucratif.

Section II : Les statuts des organisations non gouvernementales

Juridiquement, les ONG, même à portée internationale, sont créées au sein des Etats, c'est-à-dire que leurs statuts dépendent de la législation de l'Etat de création. A ce titre, elles sont liées ou soumises à la loi sur les associations.

Il n'existe pas encore un statut international des ONG, à l'exception du Comité international de la croix rouge (C.I.C.R).
Toutefois, la charte des Nations Unies prévoit à son article 71 un statut de « consultant » que le Conseil économique et social (ECOSOC) pourrait attribuer aux ONG. Par conséquent, il y a lieu de conclure que les ONG peuvent bénéficiers d'un statut consultatif auprès des organisations internationales.
Le statut consultatif ne permet pas de voter lors de la prise des décisions des organisations internationales. Toutefois elles ont le droit de participer au débat et le cas échéant de faire des propositions.

Section III : Responsabilité pénale individuelle en droit international

La responsabilité des individus agissant au nom de l'Etat a été mise en cause pour la première fois devant le tribunal de Nuremberg. Il aura fallu attendre la création des tribunaux Ad hoc, c'est-à-dire le Tribunal pénal international pour l'ex-Yougoslavie (T.P.I.Y) et le tribunal pénal international pour le Rwanda (T.P.I.R) concernant les crimes commis dans ces pays, pour que l'idée de la responsabilité pénale individuelle soit reprise et menée à son terme.
Le T.P.I.Y a été créé par la résolution du Conseil de sécurité, (résolution 827 de 1993) en application du chapitre 7 de la charte des Nations unies, qui prévoit des actions en cas de menace contre la paix, de rupture de la paix et d'acte d'agression et donne mandat au conseil de sécurité en ce sens : « *Le Conseil de sécurité constate l'existence d'une menace contre la paix, d'une rupture de la paix ou d'un acte d'agression et fait des recommandations ou décide quelles mesures seront prises conformément aux Articles 41*

et 42 pour maintenir ou rétablir la paix et la sécurité internationales ».

L'article 40 précise : « *Afin d'empêcher la situation de s'aggraver, le Conseil de sécurité, avant de faire les recommandations ou de décider des mesures à prendre conformément à l'article 39, peut inviter les parties intéressées à se conformer aux mesures provisoires qu'il juge nécessaires ou souhaitables. Ces mesures provisoires ne préjugent en rien les droits, les prétentions ou la position des parties intéressées. En cas de non-exécution de ces mesures provisoires, le Conseil de sécurité tient dûment compte de cette défaillance ».*

§1. De la compétence des T.P.I.Y et de T.P.I.R

A. La compétence matérielle

La compétence matérielle de ces deux juridictions porte sur les crimes contre l'humanité, les crimes de génocide et les crimes de guerre.

B. La compétence personnelle

Leur compétence personnelle englobe uniquement les personnes physiques, quel que soit leur degré de participation dans les crimes et sans qu'aucune immunité ne soit acceptée.

EXPLICATION

On entend par les tribunaux Ad hoc, les tribunaux qui sont créés d'une manière circonstancielle. Outre les tribunaux pénaux ad hoc cités ci-haut, c'est à la cour pénale internationale (C.P.I) créée par le statut de Rome du 17 juillet 1998 et entrée en vigueur le 1er juillet 2002, qu'il incombe la tâche de mettre en œuvre ou de rechercher la responsabilité pénale individuelle des criminels internationaux (crimes de guerre, crimes contre l'humanité, crimes de génocide).

TROISIEME PARTIE
LES RELATIONS INTERNATIONALES

CHAPITRE DIX
RESPONSABILITE INTERNATIONALE DES ETATS

Le droit international de la responsabilité des Etats est né au 19e siècle et est encore très largement coutumier.
La C.J.I dans son arrêt « Usine de Chorzów : cfr encadré n°8 » de 1928, a affirmé que « c'est un principe de droit international que toute violation d'un engagement comporte l'obligation de réparer ». La commission du droit international (C.D.I) travaille depuis 1956 sur la question de la responsabilité des Etats. Son travail a abouti en 2001 à l'adoption d'un texte définitif intitulé : « *la responsabilité des Etats pour fait intentionnellement illicite* ». Ce projet a été agréé par l'Assemblée générale des Nations-Unies et afin d'éclairer les lanternes sur le droit de la responsabilité des Etats.
Pour qu'il y ait responsabilité, il faut un fait générateur et un auteur de l'acte.

Section I : un fait générateur

Selon l'article 1 du texte de codification de la commission de droit international (C.D.I), « la responsabilité de l'Etat est engagée pour tout fait internationalement illicite ». Le mot fait est intentionnellement neutre. Il permet en effet d'englober les actes, mais aussi les omissions et les abstentions des Etats.

EXPLICATION

Un fait internationalement illicite englobe 3 choses :

- ✓Des actes, c'est-à-dire les actions de l'Etat ayant causé un dommage ;
- ✓Les omissions ;
- ✓Les abstentions

§1. L'origine de la responsabilité

L'origine de la responsabilité peut être recherchée dans « l'illicéité de l'acte » de l'auteur en cause. Concernant l'illicéité de l'acte, pour que la responsabilité de l'Etat soit engagée, il faut que le fait soit illicite, c'est-à-dire que le fait doit être attribuable à l'Etat en vertu du droit international et ce fait doit constituer une violation d'une obligation internationale.

Autrement dit, le fait sera considéré comme illicite au regard du droit international, même s'il est « licite au regard de droit interne » de l'Etat qui l'a posé. En d'autres termes, la violation de droit international par un Etat consiste en un fait qui n'est pas conforme à ce qui est requis de lui en vertu de cette obligation quelle que soit l'origine ou la nature de celui-ci, c'est-à-dire l'illicéité porte aussi bien sur la violation d'une obligation conventionnelle que sur la violation d'une obligation coutumière (C.I.J projet Gabcíkovo et Nagymaros de 1997 : cfr encadré n°4).

Le texte de la C.I.D prévoit aussi le cas de la violation grave par l'Etat d'une obligation découlant d'une norme impérative du droit international général ou violation d'une norme de « jus cogens ». La gravité est définie comme dénotant de la part de l'Etat un manquement flagrant ou systématique à ses obligations.

Le principe est que le fait doit être illicite. Néanmoins, le développement de certaines activités dangereuses fait peser un risque sur les personnes mais aussi sur

l'environnement, si l'idée d'une responsabilité basée sur le risque n'est guère acceptée.
Cette alternative est prévue par le traité dans le domaine nucléaire ou encore par la Convention sur la responsabilité internationale pour les dommages causés par les engins spatiaux du 29 mars 1972. Son article 2 prévoit que : « l'Etat de lancement a la responsabilité absolue de verser réparations pour les dommages causés par son engin spatial à la surface de la terre aux aéronefs en vol ». Il n'est fait nulle mention d'une faute, il s'agit d'une « responsabilité objective » ou d'une « responsabilité sans faute ».

EXPLICATION

En principe

La responsabilité d'un Etat ne peut être engagée que **lorsqu'il y a une faute** c'est-à-dire la violation d'une obligation internationale et à condition que **cette faute soit attribuée à l'Etat**.
Dès que ces deux conditions sont remplies, on déclare cet acte illicite même s'il est licite au regard du droit interne de l'Etat en cause, et l'Etat engagera sa responsabilité.

L'exception par rapport à la responsabilité avec faute de l'Etat

A côté de la responsabilité avec faute, il est également possible qu'un Etat soit responsable sans la présence d'une faute de sa part, c'est-à-dire sans que l'illicéité de l'acte qu'il a posé soit prouvée.

Section II : Auteur de l'acte

La deuxième condition pour qu'il y ait responsabilité, porte sur l'identification de l'auteur de l'acte. Le comportement de tout organe de l'Etat est considéré

comme un fait de l'Etat, que cet organe exerce les fonctions législatives, exécutives, judiciaires ou autres, quelle que soit sa position ou sa nature dans l'organisation de l'Etat en tant qu'organe du gouvernement central ou d'une collectivité territoriale décentralisée.
En conséquence, l'Etat est responsable du fait des activités administratives par exemple en cas d'arrestation arbitraire suivie de mauvais traitement des étrangers ou d'expulsion arbitraire. Entrent aussi dans cette catégorie le non-respect de contrat conclu avec des étrangers ou les actes commis par les autorités militaires en temps de guerre ou de paix.
L'Etat est également responsable, si une loi interne viole un engagement international. De même l'indépendance du parlement vis-à-vis du gouvernement n'est pas exonératoire de la responsabilité de l'Etat.
L'Etat est également responsable du fait de l'activité juridictionnelle, notamment à cause de déni de justice, par exemple lorsque les étrangers n'ont pas accès à certaines juridictions.
En revanche, l'Etat n'est pas responsable des actes commis par des particuliers ou par des groupes des particuliers, sauf en cas de « due diligence », c'est-à-dire si l'Etat n'a pas agi pour prévenir ou pour réprimer ce comportement, il est alors responsable de sa propre abstention ou manquement.
L'Etat est également responsable des préjudices causés par l'opposabilité du droit interne au droit international.

Section III : Des circonstances excluant l'illicéité

Il s'agit des causes d'exonération de la responsabilité des Etats. Cette exonération peut être totale ou partielle dans un certain nombre de cas.
Il s'agit par exemple du consentement de la victime, c'est-à-dire le consentement de l'Etat qui peut renoncer par

avance à imputer la responsabilité à l'Etat responsable. Par contre, *un particulier ne peut pas renoncer à cette protection puisqu'il n'est pas sujet de droit international.*
Les mesures de « légitime défense » prises en conformité avec la charte des Nations-Unies, d'un fait internationalement illicite sont considérés comme excluant la responsabilité de l'Etat.
A cela s'ajoute le « cas de force majeur », c'est-à-dire la « survenance d'une force irrésistible ou d'un évènement extérieur qui échappe au contrôle de l'Etat, rendant matériellement impossible l'exécution de son obligation ».
Il est également ainsi de la « détresse », si l'Etat auteur de l'acte illicite n'avait pas raisonnablement d'autres moyens de sauver sa vie ou celle des personnes dont il a la charge de protéger.
Enfin, « l'Etat de nécessité » peut être invoqué par l'Etat s'il *constitue pour lui le seul moyen de protéger un intérêt essentiel (supérieur) contre un péril grave et imminent ».*
Toutefois, la détresse, la force majeure, l'Etat de nécessité sont accueillis avec prudence par la jurisprudence.
Traditionnellement seul un Etat lésé peut mettre en cause la responsabilité de l'Etat. Cependant, le texte de codification de la C.I.D a prévu le cas d'une violation grave des obligations de *jus cogens*. D'une part, il prévoit qu'un Etat lésé peut invoquer cette responsabilité notamment si l'obligation violée est due à la communauté internationale dans son ensemble et si la violation de cette obligation est « de nature à modifier radicalement la situation des autres Etats auxquels l'obligation est liée quant à l'exécution ultérieure ». D'autre part « un Etat est dit non lésé « si l'obligation violée est due à la communauté internationale comme une règle de *jus cogens* ».

Section IV : Les dommages

La Commission du droit international a estimé que le seul fait qu'un acte soit internationalement illicite, peut entraîner la responsabilité de l'Etat en cause.
Cette approche est cependant difficile à mettre en pratique car les dommages restent une condition essentielle de la mise en jeu de la responsabilité d'un Etat.

§1. Quelles sont les caractéristiques d'un dommage ?

Il y a deux conditions : les conditions portant sur le dommage lui-même et les conditions portant sur la victime.

A. Les conditions portant sur le dommage lui-même

Pour que le dommage ou le préjudice puisse être pris en compte, il faut démontrer l'existence d'un lien de causalité entre le fait générateur, c'est-à-dire la violation d'une règle de droit international par un Etat et le dommage subi par l'Etat victime, c'est-à-dire que le préjudice doit être direct.
A titre d'exemple, les destructions causées en territoire koweïtien en 1990 par l'Irak ont pour cause directe, l'invasion de ce pays par l'Irak. Cependant, la causalité peut être compliquée à trouver, lorsqu'un cheminement de fait est à l'origine du dommage ou que le dommage est dû à une abstention ou à un manquement de diligence de l'Etat responsable comme ce fut le cas dans l'affaire du personnel diplomatique et consulaire des Etats-Unis à Téhéran.
Le dommage peut être matériel ou moral. Le dommage matériel est généralement reconnu et facile à établir. Tandis que le dommage moral ne l'est pas. Par exemple

atteinte à l'honneur d'un Etat pour avoir marché sur son drapeau, est difficile à évaluer.

B. Les conditions portant sur la victime

La victime doit être un sujet de droit international, c'est-à-dire un Etat, éventuellement une organisation internationale. Dans ce cas, le dommage est appelé dommage immédiat ou direct.

En revanche, si la victime réelle est un ressortissant d'un Etat, le dommage est appelé médiat ou indirect. Dans ce cas, les particuliers n'étant pas sujets de droit international, ils ne peuvent pas mettre en cause la responsabilité d'un Etat au niveau international. C'est donc l'Etat dont ils sont originaires qui doit agir en leur nom et endosser les préjudices.

Selon la C.P.J.I, « en prenant fait et cause pour l'un de siens, en mettant en action en sa faveur l'action diplomatique ou l'action judiciaire internationale, cet Etat peut à vrai dire, fait valoir son droit propre, le droit qu'il a de se faire respecter en la personne de ses ressortissants » (cfr, Affaire Mavrommatis 1924).,

L'Etat peut aussi décider d'exercer sa fonction diplomatique vis-à-vis de ses nationaux. Cette compétence est discrétionnaire. Cependant, un Etat ne peut exercer cette protection que pour ses nationaux, à condition que cette nationalité soit effective et donc opposable aux autres Etats (Cfr, Affaire Nottebohm 1955).

En cas de double nationalité, l'Etat peut agir contre l'autre Etat dont son ressortissant a aussi la nationalité.

Enfin, la victime doit avoir épuisé toutes les voies de recours internes de l'Etat qu'elle met en cause. En effet, la protection diplomatique ne peut être engagée dans ce cadre, que de manière complémentaire, subsidiaire, c'est-à-dire si la victime n'obtient pas satisfaction auprès des juridictions nationales de l'Etat souverain.

EXPLICATION

Si la victime est un Etat, le dommage est dit immédiat, tandis que s'il s'agit des personnes privées (particuliers) le dommage est dit médiat ou indirect.

N.B : la protection diplomatique n'est possible que si la victime a épuisé toutes les voies de recours internes de l'Etat mis en cause.

Section V : La réparation

En matière de réparation, la responsabilité de l'Etat n'est engagée que si une obligation internationale a été violée. Dans cette hypothèse, l'Etat doit également mettre fin aux faits illicites et éventuellement offrir de garantie de non répétition de ces faits. Dans l'éventualité d'une violation d'une norme de *jus cogens*, l'Etat doit coopérer pour y mettre fin et ne pas reconnaitre la situation créée par cette violation.

Le texte de codification de la Commission du droit international (C.D.I), prévoit aussi la possibilité pour l'Etat lésé de prendre de contre-mesures uniquement pour amener l'Etat responsable à s'acquitter de la responsabilité qui lui incombe de manière temporaire et sous certaines conditions.

Dans son arrêt de 1928 « Usine de Chorzów : cfr encadré n° » la C.P.I.J a estimé que la réparation devrait être adéquate tandis que la CDI dispose qu'elle doit être intégrale. Cela veut dire qu'elle peut être calculée de plusieurs manières : soit par la restitution, soit par l'indemnisation, soit par la satisfaction.

A. Restitution

La restitution est la remise en état, dans la situation antérieure, comme si le dommage n'était pas survenu, « afin d'effacer toutes les conséquences de l'acte illicite et rétablir l'état qui aurait vraisemblablement existé si ledit acte n'avait pas été commis ». (cfr, affaire Usine de Chorzów, 1928). C'est la meilleure réparation envisageable. Malheureusement, il est le plus souvent illusoire de croire que la remise en état soit possible. La C.D.I prévoit d'ailleurs que la restitution ne doit pas imposer une charge hors de proportion avec les dommages subis. C'est pourquoi d'autres formules sont proposées.

Les limites à la réparation par restitution sont les suivantes :

- ✓Impossibilité matérielle de la restitution.
- ✓Les charges à la restitution sont hors proportion.

B. Réparation par indemnisation

L'indemnisation est le mode de réparation le plus courant et le plus facile à mettre en œuvre. L'indemnisation est la règle quand le dommage est médiat ou indirect, c'est-à-dire lorsque le dommage est causé par un particulier.

Elle est aussi utilisée par les Etats pour régler leurs différends. Tout dommage direct peut être indemnisé, qu'il soit matériel ou moral. L'intégralité du préjudice doit être indemnisée, aussi bien la perte que le manque à gagner. La valeur du préjudice est prise en compte non pas à la date de survenance, mais à la date de la fixation de l'indemnité.

C. Réparation par satisfaction

C'est la meilleure modalité de réparation des dommages moraux. Elle peut être demandée conjointement à la restauration ou l'indemnité ou seule.

Elle peut consister simplement en la reconnaissance publique par une cour internationale ou par un tribunal arbitral, de la responsabilité de l'Etat. De manière plus formelle, la satisfaction peut être exprimée par les excuses solennelles d'Etat.

Dans tous les cas, les mesures de réparation doivent être proportionnelles aux préjudices subis et en aucun cas prendre une forme humiliante pour l'Etat responsable. Il appartient naturellement au juge, d'en évaluer la forme ou la nature.

CHAPITRE ONZE
REGLEMENTS DES DIFFERENDS

On distingue deux catégories de règlement des différends :

- ✓Les règlements non juridictionnels
- ✓Les règlements juridictionnels

Section I : Les règlements non juridictionnels

Le règlement non juridictionnel peut se faire soit par la négociation, soit par les bons offices, soit par la médiation, soit par l'enquête, soit par la conciliation.

§ 1. La négociation

C'est le mode de règlement des différends le plus simple, c'est-à-dire les Etats en cause acceptent une rencontre entre leurs représentants (plénipotentiaires), dans le but de chercher à régler leur différend de bonne foi. (CIJ, Plateau continental de la mer du Nord, 1969). La négociation peut être bilatérale (entre deux Etats) ou multilatérale (plusieurs Etats).

§ 2. Bons d'office et médiation

Il s'agit de deux techniques de règlement des différends qui font intervenir les tiers pour aider à résoudre les désaccords. Le tiers peut être un Etat ou une personnalité éminente.

Dans le cas de bons d'offices, un tiers offre ses services pour aider les parties à débuter la négociation, notamment

en organisant la rencontre. Une fois le contact établi entre les Etats intéressés et la négociation commencée, le tiers se retire et n'intervient plus.
Dans le cas de la médiation, le tiers va plus loin puisqu'il propose une solution au conflit, sans pour autant l'imposer. Il peut aussi intervenir tout au long de la négociation afin d'aider les parties à trouver le point d'accord.

§3. Enquête et consultation

Ce sont deux techniques assez semblables, qui font intervenir le tiers. L'enquête permet, avec l'accord des Etats intéressés, en application de principe de souveraineté, de charger une commission d'enquête d'établir les faits à l'origine du différend notamment leurs circonstances, leur nature.
La composition de la commission d'enquête dépend de la volonté des parties. Le rapport rendu par la commission d'enquête n'a aucune portée obligatoire en droit. En effet, l'enquête est utilisée comme point de départ à l'une des autres modalités de règlement des différends.
Quant à la conciliation, elle permet d'aller plus loin, c'est-à-dire que la commission de conciliation commence par une enquête portant sur les faits, mais en se basant sur les faits, elle va proposer une solution, non obligatoire pour les Etats en litige.

Section II : Les règlements juridictionnels

Le règlement juridictionnel est organisé soit autour des organes arbitraux, soit autour des juridictions internationales.

§1. Les organes arbitraux ou tribunal arbitral

L'arbitrage est le plus ancien de mode juridictionnel de règlement des différends. C'est l'affaire d'ALABAMA entre les Etats-Unis et la Grande-Bretagne qui en 1872 marqua le début de l'arbitrage moderne. Deux conventions de la Haye de 1899 et 1907 en ont précisé les modalités.
Ensuite, la SDN a adopté en 1919, l'Acte général d'arbitrage. L'ONU quant à elle, faute de faire adopter une convention en la matière, a permis l'élaboration d'un modèle des règles sur la procédure arbitrale en 1958.
Selon la convention de la Haye, l'arbitrage est défini comme ayant pour objet : « le règlement des litiges entre les Etats par le juge de leurs choix et sur la base du respect de l'esprit du droit. Le recours à l'arbitrage implique de se soumettre de bonne foi à la sentence ». L'arbitrage suppose également le consentement des parties à être soumises à cette procédure de règlement d'un différend « la clause compromissoire ».
Le tribunal arbitral s'engage à respecter la souveraineté des Etats, autrement dit les Etats sont libres de recourir à l'arbitrage. Ils peuvent choisir ce mode de règlement après la naissance d'un différend ou bien ils peuvent prévoir cette possibilité à l'avance de manière conventionnelle.
Dans le premier cas, les Etats une fois une fois le litige né, décident par un « compromis d'arbitrage » de le soumettre à un organe arbitral. Le compromis d'arbitrage fixe suivant la volonté des Etats *l'objet de différend*, *la composition* et *la fonction de l'organe arbitral*, y compris la procédure qui sera suivie. Dans ce cas, le compromis est la loi de l'arbitrage.
Dans le second cas, les Etats s'obligent par avance en cas de survenance d'un différend à recourir à l'arbitrage suivant la modalité prédéfinie. Cette obligation peut être soit intégrée dans « une clause compromissoire » c'est-à-dire une clause incluse dans un traité, soit faire l'objet

d'un traité d'arbitrage qui prévoit cette obligation pour tous différends naissants entre les Etats parties, quel que soit le domaine.

§2. La constitution et la compétence de l'organe arbitral

Ce sont les Etats qui décident de la composition de l'organe arbitral. Si l'arbitrage par un chef d'Etat étranger est une possibilité, cette technique est rarement utilisée de nos jours. Lorsqu'il y a un arbitre unique, il doit être un juriste, un diplomate ou toute personnalité qualifiée. L'organe arbitral peut être composé paritairement des représentants de deux Etats en litige, mais en général, il s'agit d'un tribunal arbitral composé de 3 membres neutres et les deux membres des Etats parties (soit un neutre et deux nationaux).

Les compétences des tribunaux arbitraux sont au départ fixées par le compromis ou la « clause compromissoire ». Mais l'organe arbitral peut interpréter le compromis et décider de sa propre compétence sur la base du texte. En revanche l'excès dans cette interprétation ou le dépassement de ses compétences, peut ôter toute valeur juridique à la sentence qui ne sera donc pas opposable aux Etats.

§3. La sentence

Pour les Etats ayant accepté de soumettre leur différend à l'organe arbitral, la sentence rendue est obligatoire, mais elle n'a que « l'autorité relative de la chose jugée », c'est-à-dire la sentence n'est opposable qu'aux Etats parties et sur ce litige seulement. Autrement dit, elle ne s'applique qu'aux Etats en cause d'une part et elle ne s'applique qu'à ces différends d'autre part.

La sentence n'est pas exécutoire, c'est-à-dire que les Etats doivent assurer eux-mêmes l'application de la sentence de

bonne foi, la non-exécution reste en pratique exceptionnelle. Toutefois, il existe des voies de recours en interprétation de la sentence.
Le recours en interprétation peut être rendu difficile par la disparition de l'organe arbitral une fois sa fonction accomplie.

§ 4. Les Juridictions Internationales

Contrairement à un tribunal arbitral, une juridiction internationale est un organe permanent, attaché à une organisation internationale. Au niveau international, seule la CIJ a compétence de juger les Etats et les Organisations Internationales.
La Cour internationale de justice est l'organe judiciaire principal de l'ONU. Elle succède la Cour Permanente de Justice Internationale.
Art. 92 ; Charte des Nations Unies : *La Cour internationale de Justice constitue l'organe judiciaire principal des Nations Unies. Elle fonctionne conformément à un Statut établi sur la base du Statut de la Cour permanente de Justice internationale et annexé à la présente Charte dont il fait partie intégrante.*
Art. 1 ; Statut de la Cour internationale de Justice : *La Cour internationale de Justice instituée par la Charte de Nations Unies comme* ***organe judiciaire principal*** *de l'Organisation, sera constituée et fonctionnera conformément aux dispositions du présent Statut.*

A. Fonction consultative

- ✓ L'Avis consultatif est **dépourvu de force contraignante**. Ces avis portent sur l'interprétation et l'application du droit.
- ✓ Le juge **déclare** le droit applicable (l'état de droit dans la matière). Il contribue à la formation du droit international.

✓La Cour peut être saisie par le Conseil de sécurité et par l'Assemblée générale. Tous les autres organes spécialisés de l'ONU peuvent demander des avis consultatifs, dans le cadre de leur activité et après l'autorisation de l'Assemblée générale.

Art. 96 de la Charte :
L'Assemblée générale ou le Conseil de sécurité peut *demander à la Cour internationale de Justice un avis consultatif* ***sur toute question juridique****.*
Tous les autres organes de l'Organisation et institutions spécialisées qui peuvent, à un moment quelconque, ***recevoir de l'Assemblée générale une autorisation*** *à cet effet ont également le droit de demander à la Cour des avis consultatifs* ***sur des questions juridiques*** *qui se poseraient* ***dans le cadre de leur activité****.*

B. Fonction contentieuse

✓L'arrêt **est rendu obligatoire et définitif** (il n'y a pas de possibilité de recours, art. 60 du Statut). Cependant cet arrêt n'est obligatoire que pour **les parties au litige** (Autorité relative de la chose jugée : Art. 59 du Statut).

✓La fonction contentieuse de la Cour n'est ouverte **qu'aux Etats**. Ni les Organisations Internationales, ni les individus ne sont concernés.

Art. 59 ; Statut : *La décision de la Cour* ***n'est obligatoire que*** *pour les parties au litige et dans le cas qui a été décidé.*
Art 60 ; Statut : *L'arrêt est* ***définitif et sans recours****. En cas de contestation sur le sens et la portée de l'arrêt, il appartient à la Cour de l'interpréter, à la demande de toute partie.*

- ✓Si une des parties ne respecte pas l'arrêt, le CS peut prendre des mesures nécessaires pour le faire respecter (Art 94 de la Charte)

Art 94 ; Charte : *1. Chaque membre des Nations Unies s'engage* ***à se conformer*** *à la décision de la Cour internationale de Justice dans tout litige auquel il est parti.*
2. Si une partie à un litige ne satisfait pas aux obligations qui lui incombent en vertu d'un arrêt rendu par la Cour, l'autre partie peut ***recourir au Conseil de sécurité*** *et celui-ci, s'il le juge nécessaire, peut faire des recommandations ou décider des mesures à prendre pour faire exécuter l'arrêt.*
Il faut remplir deux conditions **cumulatives** pour pouvoir ester en justice devant la Cour :

- ✓Il faut être un Etat (Art 34 du Statut). L'Etat doit avoir signé le statut ou être partie à la charte des Nations Unies (tout membre de l'ONU est automatiquement partie au Statut de la Cour). Les Etats non membres des Nations-Unies peuvent être parties au Statut, s'ils sont autorisés par le Conseil de sécurité.
- ✓Le fondement de la juridiction de la Cour est le consentement de l'Etat. Les Etats ne sont soumis à la juridiction de la Cour que s'ils consentent.

Art. 34, Statut :

1. *Seuls les Etats ont qualité pour se présenter devant la Cour.*
2. *La Cour, dans les conditions prescrites par son Règlement, pourra demander aux organisations internationales publiques des renseignements relatifs aux affaires portées devant elle, et recevra également lesdits renseignements qui lui seraient*

présentés par ces organisations de leur propre initiative.

3. *Lorsque l'interprétation de l'acte constitutif d'une organisation internationale publique ou celle d'une convention internationale adoptée en vertu de cet acte est mise en question dans une affaire soumise à la Cour, le Greffier en avise cette organisation et lui communique toute la procédure écrite.*

Article 35, Statut :

1. La Cour est ouverte aux ***Etats parties au présent Statut****.*

2. Les conditions auxquelles elle est ouverte aux autres Etats sont, sous réserve des dispositions particulières des traités en vigueur, réglées par le Conseil de sécurité, et, dans tous les cas, sans qu'il puisse en résulter pour les parties aucune inégalité devant la Cour.

3. Lorsqu'un Etat qui n'est pas membre des Nations Unies est partie en cause, la Cour fixera la contribution aux frais de la Cour que cette partie devra supporter. Toutefois, cette disposition ne s'appliquera pas, si cet Etat participe aux dépenses de la Cour.

Art. 93 de la Charte ***:***

Tous les membres des Nations Unies sont ipso facto parties au Statut de la Cour internationale de justice.

Les conditions dans lesquelles les Etats qui ne sont pas membres de l'Organisation peuvent devenir parties au Statut de la Cour internationale de Justice sont déterminées, dans chaque cas, par l'Assemblée générale sur recommandation du Conseil de sécurité.

C. Compétence de la Cour internationale de Justice

Article 36 « La compétence de la Cour s'étend à toutes les affaires que les parties lui soumettront, ainsi qu'à tous les cas spécialement prévus dans la Charte des Nations Unies ou dans les traités et conventions en vigueur.

Les Etats parties au présent Statut pourront, à n'importe quel moment, déclarer reconnaître comme obligatoire de plein droit et sans convention spéciale, à l'égard de tout autre Etat acceptant la même obligation, la juridiction de la Cour sur tous les différends d'ordre juridique ayant pour objet :

- ✓ *L'interprétation d'un traité ;*
- ✓ *Tout point de droit international ;*
- ✓ *La réalité de tout fait qui, s'il était établi, constituerait la violation d'un engagement international ;*
- ✓ *La nature ou l'étendue de la réparation due pour la rupture d'un engagement international.*
- ✓ *Les déclarations ci-dessus visées pourront être faites purement et simplement ou sous condition de réciprocité de la part de plusieurs ou de certains Etats, ou pour un délai déterminé.*
- ✓ *Ces déclarations seront remises au Secrétaire général des Nations Unies qui en transmettra copie aux parties au présent Statut ainsi qu'au Greffier de la Cour.*
- ✓ *Les déclarations faites en application de l'Article 36 du Statut de la Cour permanente de Justice internationale pour une durée qui n'est pas encore expirée seront considérées, dans les rapports entre parties au présent Statut, comme comportant acceptation de la juridiction obligatoire de la Cour internationale de Justice pour la durée restant à courir d'après ces déclarations et conformément à leurs termes.*

✓ *En cas de contestation sur le point de savoir si la Cour est compétente, la Cour décide.*

EXPLICATION

Deux types de compétence :

Compétence facultative

La Cour est saisie par **voie de compromis** : Le compromis est l'accord international conclu **postérieurement** au différend par lequel les parties en litige s'accordent à reconnaître la compétence de la Cour.

Compétence obligatoire

Accord préalable au litige

Il faut aussi le consentement des Etats. La compétence obligatoire porte sur des **différends éventuels** qui pourraient se produire dans l'avenir. Elle est obligatoire car le **consentement** des Etats est donné **en avance**, avant le différend.

D. Accord attributif de compétence

Elle peut prendre deux formes : Engagement général ou accord destiné à régler tout différend à venir sur le traité en question. Par exemple, un traité d'amitié entre les deux Etats qui engagent la Cour dans tous les différends concernant ce traité. L'engagement général figure dans les traités bilatéraux ou multilatéraux consacrés principalement au règlement pacifique des différends.

Cet engagement octroie la compétence à la Cour pour régler tous les différends à venir, spécifiques ou généraux.

Convention européenne des règlements pacifiques des différends (1957), c'est un traité général de règlement judiciaire. Le but du traité est de conférer la compétence à la Cour.

Engagement spécifique

Il s'agit d'une disposition dans un traité qui donne compétence à la Cour. C'est une clause spéciale de règlement judiciaire contenue dans un traité dont l'objet n'est pas le règlement de différends.

La clause compromissoire est une disposition d'un traité prévoyant la compétence de la Cour pour résoudre des différends susceptibles de survenir dans **l'application et/ou l'interprétation** dudit traité. Les Etats, en ratifiant le traité, s'engagent aussi sur la compétence de la Cour.

Traité de Vienne sur les relations diplomatiques et consulaires 1969 : Il y a une disposition dans le protocole optionnel qui attribue la compétence à la CIJ. Cf. Affaire Iran USA 1979.

Art 9 de la Convention pour la prévention et la répression du crime de génocide :

« Les différends entre les Parties contractants relatifs à l'interprétation, l'application ou l'exécution de la présente Convention, y compris ceux relatifs à la responsabilité d'un Etat en matière de génocide ou de l'un quelconque des autres actes énumérés à l'article III, seront soumis à la Cour internationale de justice, à la requête d'une partie au différend ».

C'est un engagement spécifique car de la Cour n'est compétente que dans le cadre de cette convention.

En cas des différends relatifs à **la nullité, à l'extinction, à la suspension** d'un traité : la clause compromissoire constitue un **titre valable** de la compétence de la Cour.

La Cour a la **compétence de sa compétence**. (Art. 36, § 6 ; Statut). Il appartient à la Cour de trancher toutes les contestations relatives à la portée de l'accord que l'attribue sa compétence. C'est une **règle consacrée** du droit international. Pour la Cour, à moins d'une convention contraire, un Tribunal international est jugé de sa propre compétence et il a le pouvoir d'interpréter à cet effet les actes (engagements généraux ou spéciaux) qui gouvernent cette compétence.

Art. 36, §6 ; Statut :
En cas de contestation sur le point de savoir si la Cour est compétente, la Cour décide.

Clause facultative de juridiction obligatoire

- ✓La clause facultative de juridiction obligatoire est une déclaration par laquelle un Etat partie au Statut de la CIJ accepte la juridiction obligatoire de la Cour à l'égard de tout autre Etat acceptant cette obligation.
- ✓L'Etat peut formuler des réserves à sa déclaration. Ceci affaiblit la compétence de la Cour.

Réserves à la clause facultative de juridiction obligatoire

- ✓Compétence de la Cour, sous réserve du domaine réservé, écarte les différends qui relèvent de la compétence exclusive de l'Etat, mais laisse à la Cour le pouvoir de décider si le différend relève ou pas du domaine réservé de cet Etat.
- ✓Réserve automatique : l'Etat se réserve à lui-même le pouvoir d'affirmer si le différend porte ou non sur un domaine réservé. Ce type réserve n'accorde à la Cour aucun pouvoir d'appréciation et vide la juridiction obligatoire de toute portée efficace.

Remarques sur la réserve automatique :

- ✓Si la réserve est contraire à l'objet ou but de la déclaration, elle est nulle.
- ✓En application du principe de réciprocité, un Etat partie à un différend peut aussi se prévaloir de la réserve automatique émise par l'autre Etat. L'Etat qui a émis une réserve automatique se prive du droit d'aller devant la Cour, car les autres parties peuvent invoquer à tout moment cette réserve.

La composition de la CIJ

La C.I.J a été créée dans le cadre de Nations-unies en tant qu'organe judiciaire principal (article 92 de la charte des Nations-unies).

La C.I.J succède en 1945 à la CPJI créée par la SDN. Elle est composée de 15 magistrats indépendants, élus par l'Assemblée générale et le Conseil de sécurité à partir de liste établie par les Etats (les arts. 9 à 12 du statut de la C.I.J)[18].

Art. 9 : Dans toute élection, les électeurs auront en vue que les personnes appelées à faire partie de la Cour non seulement réunissent individuellement les conditions requises, mais assurent dans l'ensemble la représentation des grandes formes de civilisation et des principaux systèmes juridiques du monde.

Article 10 : Sont élus ceux qui ont réuni la majorité absolue des voix dans l'Assemblée générale et dans le Conseil de sécurité.

Le vote au Conseil de sécurité, soit pour l'élection des juges, soit pour la nomination des membres de la Commission visée à l'Article 12 ci-après, ne comportera aucune distinction entre membres permanents et membres non permanents du Conseil de sécurité.

Au cas où le double scrutin de l'Assemblée générale et du Conseil de sécurité se porterait sur plus d'un ressortissant du même État, le plus âgé est seul élu.

Article 11 : Si, après la première séance d'élection, il reste encore des sièges à pourvoir, il est procédé, de la même manière, à une seconde et, s'il est nécessaire, à une troisième.

Art. 12 : Si, après la troisième séance d'élection, il reste encore des sièges à pourvoir, il peut être à tout moment formé, sur la demande soit de l'Assemblée générale, soit du Conseil de sécurité, une Commission médiatrice de six membres, nommés trois juges par l'Assemblée générale, trois par le Conseil de sécurité, en vue de choisir par un vote à la majorité absolue, pour chaque siège non pourvu, un nom à présenter à l'adoption séparée de l'Assemblée générale et du Conseil de sécurité.

Les magistrats sont élus pour un mandat de 9 ans, pour assurer leur indépendance et ils sont soumis à des incompatibilités et jouissent des immunités diplomatiques. Enfin le juge doit assurer dans l'ensemble, la représentation des grandes formes de civilisation et les principaux systèmes juridiques du monde (art. 9). Si, lorsque la cour est saisie d'un litige, un des Etats parties ou les deux, n'ont pas des juges de leur nationalité siégeant comme membre permanent, ils peuvent demander la nomination de juges ad hoc ne soit limitée qu'à cette affaire.

CHAPITRE DOUZE
RECOURS A LA CONTRAINTE

Deux points seront développés dans ce chapitre. Il s'agit de l'interdiction de recours à la force et de la règlementation de recours à la force.

Section I : Origine historique du principe de non-recours à la force

La contrainte peut être définie comme toute pression morale ou physique exercée sur quelqu'un de façon à infléchir sa décision. L'interdiction du recours à la force est indissociable de l'obligation de règlement pacifique des différends. La contrainte légale reste l'ultime moyen mis à la disposition des Etats pour répondre à un acte illicite.

Néanmoins, malgré l'interdiction du recours à la force, les conflits armés sont toujours d'actualité. C'est pourquoi le droit international continue de les réglementer pour en atténuer la portée. Les principales étapes dans l'évolution du non-recours à la force :

§1. Les Conventions de La Haye de 1899/1907

Les restrictions au recours à la force s'opèrent comme suit :

Formel *:* Art. 1, convention 3 : Nécessité d'une déclaration de guerre.

Matériel *:* Art.1, convention 2 : Interdiction de recours à la guerre pour le recouvrement de dettes contractuelles.[26] Traités bilatéraux avec les Etats-Unis qui prévoient le non-recours à la guerre pendant une commission d'enquête.

§2. Le pacte de la SDN de 1919

Le pacte de la SDN n'interdit pas la guerre, mais il complique l'utilisation de ce recours par deux types d'obligations :

Matériel : Certains types de guerres sont interdits :
Guerre d'agression, guerre avant la procédure de règlement pacifique des différends, guerre contre un Etat qui se conforme à une décision arbitrale ou juridictionnelle de la SDN adoptée à l'unanimité.

Formel : Procédure :
Avant d'ouvrir les hostilités, il faut soumettre le différend à un arbitrage juridictionnel, soit à un règlement judiciaire, soit à un règlement par le Conseil des Nations.

En cas d'échec de ces procédures, la guerre devient licite après un délai de 3 mois.

Si un Etat fait la guerre en violation de ces dispositions, ce pays sera en guerre à l'égard de tous les autres membres de la SDN. Les sanctions prévues sont soit économiques, soit financières, contractuelles (rupture des contrats avec l'Etat belligérant).

§3. Le protocole de Genève relatif au règlement pacifique des différends de 1924

Ce protocole n'est jamais entré en vigueur et il prévoyait la prohibition de la guerre sauf dans deux cas exceptionnels :

---

[26] En 1902, la Grande-Bretagne, l'Allemagne et l'Italie emploient la force armée contre le Venezuela pour recevoir la dette qui celle-ci avait envers eux.

a) La légitime défense
b) La guerre comme mesure collective de la SDN

§4. Le pacte Briand-Kellog de 1928

Ce pacte met la guerre hors la loi. Il ne prévoit ni de procédure obligatoire de règlement pacifique des différends ni d'action collective.

Il est signé par 63 Etats dont une grande partie de la communauté internationale de l'époque et prévoyait la condamnation par les Etats parties du recours à la guerre et leur renoncement à la guerre « en tant qu'instrument de politique nationale dans leurs relations mutuelles ». Ce traité, contrairement au Pacte de la SDN, condamne tout recours à la force, sans instaurer un mécanisme de sanction.

§5. Après 1945 : la Charte des Nations-Unies

La charte de l'ONU interdit dans son article 2, alinéa 4, le recours ou même la menace de recours à la force. Cette interdiction est limitée par les articles 42 et 53 portant sur les actions collectives décidées pour faire face à une menace contre la paix et par l'article 51 de la charte qui autorise la légitime défense individuelle ou collective. La légitime défense est l'exception la plus importante à l'interdiction du recours à la force. Seule une agression armée ouvre droit à la légitime défense.

Toutefois, la charte ne définit pas le terme d'agression. C'est la résolution 3314 de l'Assemblée générale de l'ONU qui s'en est chargée, le 14/12/1974 en ces termes : « *L'agression est l'emploi de la force armée par un Etat contre la souveraineté, l'intégrité territoriale ou l'indépendance politique d'un autre Etat, ou de toute autre manière incompatible avec la charte de l'ONU* ».

La légitime défense n'est que temporaire, elle cesse lorsque le conseil de sécurité a pris des mesures nécessaires.

Par ailleurs la charte ne définit pas non plus les modalités de la mise en œuvre de la légitime défense, sauf qu'elle peut être individuelle ou collective.
Autrement dit, la légitime défense suppose l'existence d'une agression armée, et des mesures de riposte nécessaires et proportionnées à l'attaque. En ce qui concerne la légitime défense collective, elle doit être sollicitée par l'Etat victime, soit en application d'un traité préexistant, soit postérieure à l'agression et l'Etat doit faire l'objet d'une agression armée extérieure et non pas d'un conflit interne (CANI). Ce droit de légitime défense collective a été mise en œuvre lors de l'invasion du Koweït par l'Irak en 1990 et reconnu comme tel par la résolution 661 (1990) du Conseil de sécurité.
La légitime défense a été également reconnue dans une situation non prévue par la charte, en l'occurrence les attentats terroristes du 11 septembre 2001 aux Etats-Unis. La résolution 1368 (2001) du Conseil de sécurité considère les actes de terrorisme comme une menace à la paix et à la sécurité internationales et reconnait le droit à la légitime défense dans ce cas.

Section II : l'interdiction du recours à la force

L'interdiction du recours à la force est une règle impérative du droit international. Il s'agit d'une règle de nature coutumière. L'interdiction du recours à la force est une règle essentielle pour le passage de l'état de nature à l'état de droit, exprimé par la coexistence pacifique entre les Etats en relations internationales.

Les trois piliers de la Charte des Nations Unies sont, au plan interétatique, les articles 2, §4 et 51, et sur le plan supranational, le Chapitre VII.
L'approche systémique des Nations unies reconfigure la gouvernance mondiale de l'après Seconde Guerre mondiale en double sphère : la sphère de la gouvernance de la force collective confiée au Conseil de sécurité ; la sphère de la gouvernance de la force individuelle des Etats, limitée à l'exercice du droit de légitime défense (l'article 51).
La **sécurité collective** est un concept nouveau, sorti de l'esprit du président Wilson, lui-même inspiré par Emmanuel Kant, auteur de la théorie de paix perpétuelle.
Il s'agit d'une rupture avec la théorie de l'équilibre des puissances, élaborée par le Congrès de Vienne en 1815, afin de jeter les bases d'un nouvel ordre en Europe, après le désordre généré par les guerres napoléoniennes.
L'enjeu de la sécurité collective réside dans la dissuasion ou la capacité de chaque Etat de participer concomitamment à sa propre sécurité ainsi qu'à la sécurité de tous. Et ce, à travers des accords de non-agression et de solidarité prévoyant une réaction commune en cas d'agression armée contre l'un des Etats membres.

§1. Le mécanisme de sécurité collective institué par la Charte des Nations Unies

Le Conseil de Sécurité est doté de larges compétences pour s'imposer comme l'organe exerçant le rôle principal du maintien de la paix et à ce titre, habilité à faire usage de la force, selon l'article 24 de la Charte : « *Afin d'assurer l'action rapide et efficace de l'Organisation, ses Membres confèrent au Conseil de sécurité la responsabilité principale du maintien de la paix et de la sécurité internationales et reconnaissent qu'en s'acquittant des*

devoirs que lui impose cette responsabilité, le Conseil de sécurité agit en leur nom ».
Les responsabilités du Conseil de sécurité sont :

- ✓ **Maintien de la paix** : afin d'éviter tout risque de guerre.
- ✓ **Sécurité collective** : en cas d'agression armée contre un Etat membre, mobiliser la solidarité internationale. Dans la pratique, le Conseil de sécurité utilise les deux expressions synonymes.

Le Conseil de sécurité est un organe restreint de 15 membres : cinq membres permanents avec droit de veto (la République populaire de Chine, la France, l'Union des républiques socialistes soviétiques, le Royaume-Uni de Grande-Bretagne et d'Irlande du Nord, et les Etats-Unis d'Amérique) : les dix autres Membres de l'Organisation sont élus, à titre de membres non permanents du Conseil de sécurité, par l'Assemblée générale qui tient spécialement compte, en premier lieu, de la contribution des Membres de l'Organisation au maintien de la paix et à la sécurité internationales, aux autres fins de l'Organisation et à une répartition géographique équitable. Chaque membre du Conseil de sécurité a un représentant au Conseil.

Vote au conseil de sécurité

Dans tous les cas, aussi bien sur le fond que sur la forme, les décisions du Conseil de sécurité sont prises à la majorité de 2/3 soit 9/15. Sur la question de fond, la décision n'est valable que si elle est acquise à la majorité de 2/3, et que si elle recueille le vote unanime de cinq membres permanents. En revanche, sur une question de procédure, le droit de veto ne joue pas.

EXPLICATION

Article 27 de la Charte

Chaque membre du Conseil de sécurité dispose d'une voix. Les décisions du Conseil de sécurité sur des questions de procédure sont prises par un vote affirmatif de neuf membres.

Les décisions du Conseil de sécurité sur toutes les autres questions sont prises par un vote affirmatif de neuf de ses membres dans lequel sont comprises les voix de tous les membres permanents, étant entendu que, dans les décisions prises aux termes du Chapitre VI et du paragraphe 3 de l'Article 52, une partie à un différend s'abstient de voter.

- ✓La composition du Conseil de sécurité reflète les conditions qui prévalaient à l'époque de la création de l'ONU.
- ✓Le « droit de veto » marque une inégalité radicale, justifiée par un souci d'efficacité et de responsabilité reconnu aux grandes puissances, qui ont versé le sang pour libérer le monde des affres de la domination nazie.
- ✓Toute modification de la Charte doit bénéficier de l'accord des 5 membres permanents.
- ✓Le mécanisme de sécurité collective tel que prévu par le chapitre VII de la charte de l'ONU, notamment la dotation d'une force propre au sens des articles 43, 45, 46, 47, n'a pas vu le jour à cause des rivalités entre les grandes puissances membres du conseil de sécurité. Par conséquent, l'ONU ne dispose pas de sa propre armée, afin de faire face aux problèmes du maintien de la paix.

§2. Le chapitre VII de la Charte des Nations Unies

A. Pouvoir de qualification (art. 39)

Art. 39 ; Charte : *Le Conseil de sécurité constate l'existence d'une menace contre la paix, d'une rupture de la paix ou d'un acte d'agression et fait des recommandations ou décide quelles mesures seront prises conformément aux articles 41 et 42 pour maintenir ou rétablir la paix et la sécurité internationales.*

Selon l'article 39, le Conseil de sécurité peut prendre des mesures contraignantes, s'il y a une menace à la paix, rupture de la paix et acte d'agression.

Par ailleurs, le gradualisme singularise la stratégie de sécurité collective prévue par le chapitre VII de la charte : le Conseil de sécurité a le pouvoir ou la compétence de qualification, c'est à dire, le Conseil de sécurité peut décider si un événement constitue une menace à la paix, une rupture de la paix ou un acte d'agression. Si bien que la sécurité collective est subordonnée à la qualification que lui donne le Conseil de sécurité.

Le Conseil de sécurité a un pouvoir discrétionnaire qui autorise des interprétations diverses. La mise en œuvre de l'usage de la force, si elle relève de la décision du Conseil de sécurité, celui-ci n'en a pas les moyens, car l'ONU n'a pas une armée propre. Ainsi, le Conseil de sécurité est-il contraint de quémander ou solliciter le concours des Etats membres, en matière de troupes et des moyens logistiques correspondants.

B. Mesures provisoires (article « 40 de la charte)

« *Afin d'empêcher la situation de s'aggrave, le Conseil de sécurité, avant de faire les recommandations ou de décider des mesures à prendre conformément à l'article 39, peut inviter les parties intéressées à se conformer aux mesures provisoires qu'il juge nécessaires ou souhaitables. Ces mesures provisoires ne préjugent en rien les droits, les prétentions ou la position des parties intéressées. En cas de non-exécution des mesures provisoires, le Conseil de sécurité tient dûment compte de cette défaillance ».*

Lorsque le Conseil de Sécurité dit qu'il y a une menace à la paix, des mesures provisoires peuvent être entreprises selon l'article 40 pour empêcher que la situation ne s'aggrave.

C. Mesures non coercitives (article 41 de la charte)

« *Le Conseil de sécurité peut décider quelles mesures n'impliquant pas l'utilisation de la force armée doivent être prises pour donner effet à ses décisions, et peut inviter les Membres des Nations Unies à appliquer ces mesures. Celles-ci peuvent comprendre l'interruption partielle ou totale des relations économiques et de communication ferroviaires, maritimes, aériennes, postales télégraphiques, radioélectriques et des autres moyens de communication, ainsi que la rupture des relations diplomatiques* ». (Rupture des relations de toute sorte, création de tribunaux pénaux ad hoc, sanctions économiques, rupture des relations diplomatiques…)

EXPLICATION

- ✓ Le Conseil de sécurité peut recommander et décider. Mais, le Conseil de sécurité a d'autres pouvoirs non-écrits. La liste de l'article 41 n'est pas exhaustive.
- ✓ L'article 41 permet un pouvoir discrétionnaire que voulaient les rédacteurs de la Charte. Selon une doctrine contestée, le conseil de sécurité peut sanctionner toute violation de la légalité internationale, même en dehors de la menace à la paix et à la sécurité internationale.

D. Mesures coercitives (Article 42 de la charte)

« Si le Conseil de sécurité estime que les mesures prévues à l'article 41 seraient inadéquates ou qu'elles se sont révélées telles, il peut entreprendre, au moyen de forces aériennes, navales ou terrestres, toute action qu'il juge nécessaire au maintien ou au rétablissement de la paix et de la sécurité internationales. Cette action peut comprendre des démonstrations, des mesures de blocus et d'autres opérations exécutées par des forces aériennes, navales ou terrestres de Membres des Nations Unies ».

EXPLICATION

- ✓Si les mesures non coercitives ne sont pas suffisantes, le Conseil de Sécurité peut prendre des mesures coercitives.
- ✓Le Conseil de sécurité peut passer de l'article 39 directement à l'article 42 car il a le pouvoir de qualification.
- ✓L'article 42 décrit les possibles sanctions militaires, si d'autres mesures se sont révélées inadéquates. Cet article est **au cœur du système onusien de sécurité collective**.

Pouvoir d'habilitation (Article 43, § 1) : *« Tous les membres des Nations Unies, afin de contribuer au maintien de la paix et de la sécurité internationales, s'engagent à mettre à la disposition du Conseil de sécurité, sur son invitation et conformément à un accord spécial ou à des accords spéciaux, les forces armées, l'assistance et les facilités y compris le droit de passage, nécessaires au maintien de la paix et de la sécurité internationales ».*

Article 45 de la Charte : « *Afin de permettre à l'Organisation de prendre d'urgence des mesures d'ordre militaire, des membres des Nations Unies maintiendront des contingents nationaux des forces aériennes immédiatement utilisables en vue de l'exécution combinée d'une action coercitive internationale. Dans les limites prévues par l'accord spécial ou les accords spéciaux mentionnés à l'article 43, le Conseil de sécurité, avec l'aide du Comité d'état-major, fixe l'importance et le degré de préparation de ces contingents et établit des plans prévoyant leur action combinée* ». L'article 45, qui prévoit un contingent militaire permanent des Etats membres, est resté lettre morte.

§3. L'Interdiction du recours à force ou la menace de recours à la force (Art. 2, § 4)

Art. 2, par 4 ; Charte : *Les membres de l'Organisation s'abstiennent, dans leurs relations internationales, de recourir à la* ***menace*** *ou à* ***l'emploi de la force****, soit contre* ***l'intégrité territoriale*** *ou* ***l'indépendance politique*** *de tout Etat, soit de toute autre* ***manière incompatible avec les buts des Nations Unies.***

L'Art 2, § 4 a une portée très entendue. Ce n'est pas que la guerre qui est interdite, mais également la menace de l'emploi de la force.

A. La notion de force

La notion de force est plus large que la notion de guerre. Contrairement à la notion de guerre qui est conceptuelle, la force est purement factuelle, la guerre est plus objective que la force. Cette différentiation élargit le plan d'action de l'ONU. En plus, l'emploi du terme force évite la complexité juridique d'une guerre exigeant au préalable une déclaration de guerre.

Remarques :

- ✓Seule la force **armée interétatique** est visée, les guerres civiles y sont exclues (voir Protocole additionnel II aux Conventions de Genève de 1949).
- ✓Force militaire ou armée employé par l'Etat ou par des personnes imputables à l'Etat.
- ✓La force ne doit pas nécessairement être directe, elle peut être indirecte (cf. Nicaragua), il suffit qu'elle soit armée.
- ✓Exclusion de la contrainte économique pour être considérée comme violation du principe de non-ingérence[27].

B. La notion de menace

Interdiction du recours à la menace d'utilisation de la force. La menace est aussi prohibée par l'article 2 § 4, ce qui élargit le champ d'interdiction du recours à la force. En effet, si la menace n'était pas exclue, le principe d'interdiction au recours à la force serait inutile.

C. Les buts de l'interdiction du recours à la menace ou à l'emploi de la force

Les buts sont au nombre de trois :

- ✓Protection de l'intégrité territoriale
- ✓Protection de l'indépendance politique
- ✓Bannir tout autre acte incompatible avec les buts des Nations Unies.

[27]Les nations occidentales ont toujours voté contre l'inclusion des mesures économiques comme utilisation de la force, même si la contrainte économique peut avoir des effets similaires, voire pire que l'utilisation de la force.

Remarques :

- ✓L'expression « acte incompatible avec les **buts des Nations Unies** » peut soulever des problèmes d'interprétation.
- ✓Certains juristes considèrent que la menace ou le recours à la force seraient licites, si on ne vise pas un de ces trois buts. C'est une opinion minoritaire, car une telle interprétation ouvrirait la porte à toute sorte d'abus. Cette interprétation n'était pas retenue par la pratique des Etats.

§4. La légitime défense

(Art. 51 ; Charte) : *« Aucune disposition de la présente Charte ne porte atteinte au droit naturel de légitime défense, individuelle ou collective, dans le cas où un Membre des Nations Unies est l'objet d'une agression armée, jusqu'à ce que le Conseil de sécurité ait pris les mesures nécessaires pour maintenir la paix et la sécurité internationales. Les mesures prises par des Membres dans l'exercice de ce droit de légitime défense sont immédiatement portées à la connaissance du Conseil de sécurité et n'affectent en rien le pouvoir et le devoir qu'a le Conseil, en vertu de la présente Charte, d'agir à tout moment de la manière qu'il juge nécessaire pour maintenir ou rétablir la paix ».*

Remarques :

- ✓La légitime défense est inhérente à la notion de droit interne et de droit international.
- ✓Droit intérimaire subordonné au Conseil de sécurité car l'Etat victime agit individuellement ou collectivement jusqu'à ce que le Conseil de sécurité prenne les mesures nécessaires.
- ✓Droit naturel des Etats, la légitime défense est une prérogative inhérente à la souveraineté de l'Etat.
- ✓C'est un droit naturel ou coutumier.

- ✓La Charte reconnaît l'existence de la légitime défense, mais elle ne la réglemente pas (la charte n'énumère pas les conditions de fond, les conditions matérielles).

Résolution 3314 de l'ONU :
Article 1 ; rés. 3314 : *L'agression est l'emploi de la force armée par un Etat contre la souveraineté, l'intégrité territoriale ou l'indépendance politique d'un autre Etat, ou de toute autre manière incompatible avec la Charte des Nations Unies, ainsi qu'il ressort de la présente définition.*

Article 3 ; Rés. 3314 :

- ✓L'**invasion** ou l'attaque du territoire d'un Etat par les forces armées d'un autre Etat, ou toute occupation militaire, même temporaire, résultant d'une telle invasion ou d'une telle attaque, ou toute annexion par l'emploi de la force du territoire ou d'une partie du territoire d'un autre Etat ;
- ✓Le **bombardement**, par les forces armées d'un Etat, du territoire d'un autre Etat, ou l'emploi de toutes armes par un Etat contre le territoire d'un autre Etat ;
- ✓Le **blocus** des ports ou des côtes d'un Etat par les forces armées d'un autre Etat ;
- ✓L'attaque par les forces armées d'un Etat contre les forces armées terrestres, navales ou aériennes d'un autre Etat ;
- ✓L'utilisation des forces armées d'un Etat qui sont stationnées sur le territoire d'un autre Etat avec l'accord de l'Etat accueil, contraires aux conditions prévues dans l'accord ou toute prolongation de leur présence sur le territoire en question au-delà de la date d'extinction de l'accord ;

- ✓Le fait pour un Etat d'admettre que son territoire a été mis à la disposition d'un autre Etat, soit utilisé par ce dernier pour perpétrer un acte d'agression contre un Etat tiers ;
- ✓L'envoi par un Etat ou en son nom de bandes ou de groupes armés, de forces irrégulières ou de mercenaires qui se livrent à des actes d'usage de la force armée, contre un autre Etat d'une gravité telle qu'ils équivalent aux actes énumérés ci-dessus, ou le fait de s'engager d'une manière substantielle dans une telle action.

A. Complicité et agression indirecte

Complicité : Un Etat met à disposition son territoire à un autre Etat pour que celui-ci commette une agression contre un Etat tiers. Le complice a la même responsabilité que l'agresseur.

Agression indirecte : participer ou soutenir un groupe militaire ou paramilitaire opérant à l'étranger. Le critère décisif de l'agression indirecte est l'intensité de l'aide. Elle doit être substantielle. Sa gravité doit correspondre à une attaque armée. La simple livraison des armes ne suffit pas, sauf si ce soutien est tellement important qu'il équivaut à une agression directe.

B. Nécessité et proportionnalité

Les deux conditions pour que la légitime défense soit employée.

- ✓**Nécessité :** Situation où l'Etat n'a pas d'autres moyens de défense pour faire cesser l'agression que l'emploi de la force.
- ✓**Proportionnalité :** La légitime défense doit être proportionnelle à la gravité de l'agression (elle ne doit pas aller au-delà de l'agression).

La contre-attaque doit être nécessaire et proportionnelle, pour répondre aux exigences de la légitime défense. La nécessité et la proportionnalité sont les deux *conditions coutumières* essentielles pour la légitime défense. L'acte doit être limité par la nécessité.
L'article 51 de la Charte des Nations Unies dit qu'on a le droit à la légitime défense jusqu'à ce que le Conseil de sécurité ait pris des mesures nécessaires pour maintenir la paix et la sécurité internationales. En plus, les mesures prises dans l'exercice de ce droit de légitime défense doivent être immédiatement portées à la connaissance du Conseil de sécurité.
Art. 51 de la Charte : *Aucune disposition de la présente Charte ne porte atteinte au droit naturel de légitime défense, individuelle ou collective, dans le cas où un Membre des Nations Unies est l'objet d'une agression armée, jusqu'à ce que le Conseil de sécurité ait pris les mesures nécessaires pour maintenir la paix et la sécurité internationales. Les mesures prises par des Membres dans l'exercice de ce droit de légitime défense sont immédiatement portées à la connaissance du Conseil de sécurité et n'affectent en rien le pouvoir et le devoir qu'a le Conseil, en vertu de la présente Charte, d'agir à tout moment de la manière qu'il juge nécessaire pour maintenir ou rétablir la paix.*
L'absence de notification peut être un des éléments déterminants pour savoir si un Etat est convaincu d'agir en légitime défense. Mais, la notification est une obligation procédurale non coutumière et non substantielle.

§5. Les contre-mesures

Il y a 2 types de contre-mesures : la contre-mesure décidée par l'Etat et celle décidée par le conseil de sécurité.

Les contre-mesures décidées par l'Etat

Ce sont des mesures par lesquelles un Etat répond à un acte d'un autre Etat. Parmi ces contre-mesures on peut citer les rétorsions et les représailles.

A. Les rétorsions

Sont des mesures licites, c'est-à-dire légales prises par un Etat en réponse à des actes soit licites mais discourtois ou dommageables, soit illicites d'un autre Etat.

La rétorsion est donc constituée d'acte licite par exemple le rappel d'un ambassadeur, mais aussi pour rester licite la mesure de rétorsion doit notamment être proportionnée par rapport à l'acte qui l'a motivée et elle doit émaner de l'Etat victime de l'acte et non d'un Etat tiers.

B. Les représailles

Les représailles sont des actes illicites prises par un Etat pour répondre à des actes illicites d'un autre Etat dans le but de faire cesser cette violation du droit.

En effet, les représailles deviennent licites sous certaines conditions :

- ✓Les représailles doivent être non armées ;
- ✓Les représailles doivent être proportionnelles à l'acte qui les a motivées ;
- ✓Les représailles doivent être exceptionnelles et n'intervenir qu'après une sommation

Ces conditions ont été confirmées par la C.I.J dans son arrêt du 25/07/1995 dans l'affaire Gabcíkovo /Nagymaros. Les représailles peuvent par exemple être constituées par un embargo commercial.

Les mesures de rétorsions et de représailles peuvent être combinées par un Etat et être utilisées dans le cadre d'un ensemble des mesures, c'est-à-dire de plusieurs mesures nécessaires successives, par exemple le rappel de l'ambassadeur et la mesure d'embargo commercial.

Les contre-mesures décidées par le Conseil de sécurité
Selon les articles 39 et 41 de la charte des Nations unies, le conseil de sécurité peut décider des mesures à prendre pour établir ou maintenir la paix et la sécurité internationales, notamment des mesures n'impliquant pas l'emploi de la force armée telle que l'interdiction de relation économique, l'interdiction de commerce maritime et postal.

Section III : La règlementation de recours à la force

Bien que la guerre soit prohibée, les conflits armés n'ont pas disparu. Les règles de droit de la guerre ***jus in bello*** sont toujours d'actualité. Ces règles ont évolué depuis le 19^{e}siècle et ont été étendues à l'humanisation de la guerre avec les conventions de Genève de 1949 et leurs protocoles additionnels 1 et 2.

§1. Le droit de la Haye

D'origine coutumière, le droit de la guerre a été codifié à partir de 19e siècle et le premier texte est la Déclaration de Paris sur la guerre maritime de 1856, suivie d'autres textes ou d'autres conventions jusqu'aux deux conférences des paix tenues à la Haye en 1899 et 1907. Ces deux premières conventions avaient pour sujet : *« la guerre, sur terre et la guerre sur mer »*. Elles ont été complétées par 13 autres conventions et cet ensemble est généralement appelé le droit de la Haye.

§2. Le droit de Genève

Le droit de Genève est né en 1864 à l'initiative d'un Suisse nommé HENRY DUNANT. Le droit de Genève est constitué principalement de 4 conventions de 1949 et 2 protocoles additionnels de 1977. Il remplace les conventions de guerre de 1864 et de 1929.

Le droit humanitaire peut être défini comme un ensemble des règles ayant pour objet de *protéger les victimes des conflits armés*. En effet les conventions de Genève portent sur la protection des victimes en temps de guerre à protéger notamment :

- ✓ Les civils ;
- ✓ Les prisonniers de guerre ;
- ✓ Les blessés de guerre ;
- ✓ Les malades ;
- ✓ Les naufragés à condition qu'ils aient déposé les armes

Cependant la notion de guerre devient de plus en plus floue à cause de multiplication des conflits externes qualifiés de CANI (Conflits armés non internationaux).
L'article 2 de chaque convention impose la protection de victimes des conflits armés non internationaux à tous les belligérants même si l'une des puissances en conflit n'est pas partie à la convention et l'article 1 prescrit l'obligation faite aux Etats parties de respecter et de faire respecter la convention en toute circonstance. Quant aux protocoles additionnels, ils rappellent que dans le cas non prévu à ces textes : « la personne humaine reste sous la sauvegarde des principes de l'humanité et de la conscience publique ».

CHAPITRE TREIZE
LE MAINTIEN DE LA PAIX

Le maintien de la paix et la sécurité internationale est l'un des buts principaux des Nations-Unies. Pour mettre en pratique ce principe, la charge de maintien de la paix et la sécurité internationale a été confiée au conseil de sécurité, et le conseil de sécurité, faute d'une armée propre des Nations unies, s'appuie sur les opérations de maintien de la paix (O.M.P).

Section I : Le conseil de sécurité et le chapitre 7 de la charte des Nations unies

§1. Le rôle de conseil de sécurité

Selon l'article 39 de la charte, « *le conseil de sécurité constate l'existence d'une menace contre la paix, d'une rupture de la paix ou d'un acte d'agression et fait des recommandations ou décide quelles mesures seront prises conformément aux Articles 41 et 42 pour maintenir ou rétablir la paix et la sécurité internationales* ».
Rappelons que **l'article 25** de la charte précise que les décisions doivent être appliquées par les Etats c'est-à-dire qu'elles sont obligatoires. Concernant les actions à mener, c'est également le conseil de sécurité qui choisit de façon tout aussi discrétionnaire la forme de l'action à entreprendre. Il peut aussi décider de stabiliser une situation en vue qu'elle ne dégénère pas d'inviter les parties intéressées à se conformer aux mesures provisoires qu'il juge nécessaires et souhaitables (art. 40 de la charte).

Le conseil de sécurité peut ensuite décider des mesures qui seront prises :
-Soit celles qui n'impliquent pas l'usage de la force armée et qui seront mises en œuvre par les Etats (art. 41) notamment l'interdiction de relation diplomatique, d'embargo économique contre l'Irak (**Résolution 661**).

Le Conseil de sécurité peut aussi fixer des mesures qui impliquent l'usage de la force armée (art. 42 de la charte). Pour cela il applique l'article 43 qui prévoit que : « *Tous les Membres des Nations Unies, afin de contribuer au maintien de la paix et de la sécurité internationales, s'engagent à mettre à la disposition du Conseil de sécurité, sur son invitation et conformément à un accord spécial ou à des accords spéciaux, les forces armées, l'assistance et les facilités, y compris le droit de passage, nécessaires au maintien de la paix et de la sécurité internationales* ».

L'article 47 ajoute que les forces armées que les Etats donnent au Conseil de sécurité, seront placées sous la responsabilité d'Etat-major.

EXPLICATION

Le chapitre 7 de la charte des Nations unies est l'ensemble des dispositions qui permettent au conseil de sécurité d'agir d'une manière discrétionnaire. C'est au Conseil de sécurité qu'il revient la décision d'utiliser oui ou non la force armée (le pouvoir discrétionnaire).

§2. La résolution Dean Acheson ou la résolution 370

Cette résolution est la conséquence de la guerre de Corée. En effet au cours cour de 1950, au mois de juin, la Corée du Sud (capitaliste) fut envahie par les troupes de la

Corée du Nord (communiste). Le Conseil de sécurité tente d'intervenir pour sauvegarder la paix et la sécurité internationale entre la Province du Nord et la Province du sud. Le Conseil de sécurité vote une résolution demandant la cessation immédiate des hostilités. L'Union soviétique membre du conseil de sécurité utilise son droit de veto pour bloquer la mise en œuvre de cessation des hostilités. Pendant de mois le Conseil de sécurité est paralysé par l'usage répété de droit de veto par l'Union soviétique. C'est ainsi que pour contourner le Conseil de sécurité bloqué par le veto, le secrétaire d'Etat américain Dean Acheson, suggère à l'Assemblée générale de remplacer momentanément le conseil de sécurité, afin de maintenir la paix et la sécurité internationales en Corée.
Ainsi, l'Assemblée générale vota une résolution appelée « Union pour le maintien de la paix » ou la résolution Dean Acheson, dont le but est de permettre à l'Assemblée générale en cas de défaillance ou de blocage du Conseil de sécurité. Cette résolution Acheson a permis de passer outre le veto des membres permanents du conseil de sécurité.
L'URRS en a profité pour accuser l'Assemblée générale d'avoir usurpé sa compétence notamment l'article 24 de la charte. Cependant, saisie par l'URSS qui conteste la résolution ACHESON et accuse l'Assemblée générale d'usurpation des pouvoirs, selon l'article 24 de la charte. La CIJ a tranché ce différend en deux temps : primo, elle a reconnu que l'article 24 confiait le rôle principal du maintien de la paix au Conseil de sécurité ; - secundo, la CIJ concluait que pour autant l'article 24 ne consacre pas, le monopole du Conseil de sécurité sur le maintien de la paix. Chemin faisant, l'Assemblée générale, face à la paralysie du Conseil de sécurité, n'a pas usurpé la compétence dévolue au Conseil de sécurité.

Section II : Les opérations et maintiens de la paix

En 1956, pendant la crise de Suez l'action du Conseil de sécurité fut paralysée par le double veto anglais et français.

L'assemblée générale a donc été saisie de la question en vertu de la résolution Acheson et elle a reconnu un cessez-le-feu, la France et la Grande-Bretagne demandèrent alors qu'une force internationale soit déployée entre l'Egypte et Israël.
C'est ainsi que sur proposition canadienne, l'Assemblée générale vota la **résolution 988** du 4 novembre 1956 créant la force d'urgence de Nations-Unies (FUNU). Etant donné que la force d'interposition déployée dans le Sinaï avec mission de remplir la première opération de maintien de la paix constitue une action collective telle que prévue par le Chapitre 7 c'est-à-dire que les opérations de la paix sont décidées par le Conseil de sécurité et mises en œuvre par le Secrétaire général.
Il s'agit des actions opérationnelles mettant à contribution les contingents (groupe des soldats) formés par les Etats membres.
En principe les opérations du maintien de la paix exigent le consensus, car elles ne représentent pas un caractère coercitif.
Toutefois, avec les nouvelles opérations de maintien de la paix, l'usage de la force a été autorisé par le Conseil de sécurité soit pour protéger les populations civiles menacées, **résolution 688** sur la protection KUDRES de l'IRAK et la **résolution 770** pour acheminer l'aide humanitaire à BOSNIE HERZEGOVINE.

EXERCICE D'APPLICATION

1. Existe-t-il un ordre juridique international ? Discutez vos réponses en vous référant aux théories du droit international

R/..
....
....
....
....
....
....
....
....

2. Que pensez-vous de cette affirmation : « Le traité est la seule source du droit international qui exprime la volonté des Etats à être liés et à appliquer leurs obligations de bonne foi » ?

R/..
....
....
....
....
....

3. Critiquez deux jurisprudences de votre choix, étudiées dans ce cours

R/..
....
....
....
....
....
....

4. Distinguez la souveraineté juridique de la souveraineté matérielle des Etats en droit international

R/..
....
....
....
....
....

5. Expliquez les éléments constitutifs de la coutume

R/..
....
....
....
....
....

6. Différenciez la lettre de change de la lettre de provision en droit international

R/..
....
....
....
....
....

7. Quelles sont les caractéristiques de nouvelles opérations de maintien de la paix ?

R/..
....
....
....
....
....

8. Est-il vrai que le ministre des Affaires étrangères n'est pas une autorité compétente pour ratifier un traité, selon l'esprit et la lettre de la Constitution de la RDC de 2006 telle que modifiée en 2011 ?

R/……………………………………………………
……………………………………………………
……………………………………………………
……………………………………………………
……………………

9. Quelle est l'importance de la codification de la coutume en DIP ?

R/……………………………………………………
……………………………………………………
……………………………………………………
……………………………………………………
………………………

10. Formulez vos remarques par rapport à la manière dont ce cours a été dispensé

R/……………………………………………………
……………………………………………………
……………………………………………………
……………………………………………………
………………………

Bonne chance !

BIBLIOGRAPHIE

INSTRUMENT JURIDIQUE

Charte de l'ONU de 1945
Statut de la CIJ
Constitution de la RDC du 18 février 2006 telle que modifiée en 2011

OUVRAGES

Emmanuel Decaux et Olivier de Frouville, *Droit international public*, Paris, Dalloz, 8e édition, 2012.

Louis-Antoine Aledo, *Le droit international public*, Paris, Dalloz, 4e édition, 2021

Marie-Hélène Renaut, *Histoire du droit international public*, Paris, éditions Ellipses, 2007.

Jean Combacau et Georges Sur, Droit international public, Paris, LJDJ Lextenso, 2014

David Ruzié et Gérard Teboul, Droit international public, Paris, Dalloz, 25e édition, 2020

Pierre-Marie Dupuy et Yann Kerbrat, Droit international public, Paris, Dalloz, 15e édition, 2020

Michel Belanger, *Droit international humanitaire général*, Paris, Gualino éditeur, 2e édition, 2007.

Mwayila Tshiyembe, *Refondation de la nation et nationalité en République démocratique du Congo*, Paris, L'Harmattan, 2007.

Olivier Corten, *Méthodologie du droit international public*, Edition de l'Université de Bruxelles, Bruxelles, 2009.

TABLE DES MATIÈRES

Structures éditoriales du groupe L'Harmattan

L'Harmattan Italie
Via degli Artisti, 15
10124 Torino
harmattan.italia@gmail.com

L'Harmattan Hongrie
Kossuth l. u. 14-16.
1053 Budapest
harmattan@harmattan.hu

L'Harmattan Sénégal
10 VDN en face Mermoz
BP 45034 Dakar-Fann
senharmattan@gmail.com

L'Harmattan Cameroun
TSINGA/FECAFOOT
BP 11486 Yaoundé
inkoukam@gmail.com

L'Harmattan Burkina Faso
Achille Somé – tengnule@hotmail.fr

L'Harmattan Guinée
Almamya, rue KA 028 OKB Agency
BP 3470 Conakry
harmattanguinee@yahoo.fr

L'Harmattan RDC
185, avenue Nyangwe
Commune de Lingwala – Kinshasa
matangilamusadila@yahoo.fr

L'Harmattan Congo
219, avenue Nelson Mandela
BP 2874 Brazzaville
harmattan.congo@yahoo.fr

L'Harmattan Mali
ACI 2000 - Immeuble Mgr Jean Marie Cisse
Bureau 10
BP 145 Bamako-Mali
mali@harmattan.fr

L'Harmattan Togo
Djidjole – Lomé
Maison Amela
face EPP BATOME
ddamela@aol.com

L'Harmattan Côte d'Ivoire
Résidence Karl – Cité des Arts
Abidjan-Cocody
03 BP 1588 Abidjan
espace_harmattan.ci@hotmail.fr

Nos librairies en France

Librairie internationale
16, rue des Écoles
75005 Paris
librairie.internationale@harmattan.fr
01 40 46 79 11
www.librairieharmattan.com

Librairie des savoirs
21, rue des Écoles
75005 Paris
librairie.sh@harmattan.fr
01 46 34 13 71
www.librairieharmattansh.com

Librairie Le Lucernaire
53, rue Notre-Dame-des-Champs
75006 Paris
librairie@lucernaire.fr
01 42 22 67 13